Bodrum & Marmaris

W0172247

Hans E. Latzke

Inhalt

Hoş Ge

»Wie erfreulich, Sie zu sehen!«, so wird mit leichtem Verneigen der Gast begrüßt – Hoş Bulduk, »Erfreulich auch für mich!«, so lautet die überlieferte, die traditionelle Antwort. Freuen kann man sich wirklich, wenn man hier angekommen ist in Bodrum oder dem ebenso kosmopolitisch-quirligen Marmaris. Doch mit großväterli-

ldiniz!

chen Formeln hält man sich dort nicht mehr lange auf: Hier ist Urlaubsland, hier geht es um Sonne, Sand und Spaß, nicht anders als in Ibiza. Und da bieten sie wirklich etwas in diesen Hot Spots des türkischen Tourismus: Wer orientalische Tradition erwartet, kommt aus dem Staunen nicht mehr raus.

Bodrum & Marmaris

"... hier lebt man im Paradies"

Später Nachmittag, die Sonne wirft bereits lange Schatten und die Luft ist schon so mild und weich, wie sie die ganze lange Nacht bleiben wird. Von der Dachterrasse einer Bar in der Karaada Marina von Bodrum blicken wir bei einem Sundowner über den Hafen: Motorjachten, Segelboote liegen dicht an dicht, und die, die es sich leisten können, so etwas zu besitzen, lassen in Designerjeans die Beine baumeln. Drüben, gleich gegenüber, glänzt die Burg rot im letzten Licht, hier spielt man Wagner dazu ... So edel genießt man in der Türkei seine Abende nur in Bodrum. Am Jachthafen zeigt der wohl berühmteste Urlaubsort der Türkei seine feine Seite, mit schicken Boutiquen und Edelrestaurants wie dem Escape, wo der Aperitif soviel kostet wie anderswo ein ganzes Essen. Hier geht es so vornehm, so diskret zu, dass man an die großen, die mondäneren Zeiten an der Riviera Frankreichs denken muss.

»Anderswo lebt man, um hinterher ins Paradies zu kommen, hier lebt man bereits im Paradies«: So schwärmte der zur Verbüßung einer Gefängnisstrafe (!) hierher verbannte Journalist Cevat Şakir

bereits in den 1930er Jahren von Bodrum. Tatsächlich entspricht der Ort genau dem, wie man sich einen ägäischen Traum vorstellt: weiße Kubenhäuser, die sich zwischen Baumgrün und Meerblau staffeln, darüber ein mächtiges, vom Mastenwald des Jachthafens belagertes Kastell. Ja, und doch – irgendwie ist das so, als führe man nach Las Vegas, um dort von der Wüste zu schwärmen. Denn das wahre Bodrum, das echte Marmaris findet in den Bars und den Discos statt, die nicht nur so heißen wie ihre Vorbilder in Las Vegas, New York, London und auch so gestylt sind, sondern die auch ein solches Publikum brauchen und wollen und bekommen.

So gibt es denn viele Gründe, nach Bodrum oder auch nach Marmaris zu fahren; doch der, die Türkei zu besuchen, gehört nicht dazu. Denn diese beiden Urlaubsorte, die bekanntesten und beliebtesten der Türkei, sind für das Land wirklich nicht gerade typisch. Dort geht es um Sun & Fun, Sonne und Spaß ohne Kompromisse – und natürlich um Geld. So flossen und fließen die Millionen und schufen eine spiegelnde, glitzernde, neonleuchtende Welt des or-

Die türkischen Küsten, hier bei Turunç, sind ein Seglerparadies

ganisierten Freizeitvergnügens. In diesen Kulissen trifft sich eine kosmopolitische Jugendszene aus dem UK, aus den Niederlanden, aus Skandinavien – und inzwischen auch aus Deutschland. Und findet alles, was derzeit angesagt ist: Funsport, neueste Trendmusik, Dance Partys bis zum Morgengrauen. Ibiza ist out, so heißt es in der Szene: Gümbet gilt nun als neuer ›Geheimtipp‹, und auch im Siteler-Viertel von Marmaris tanzen die Girls auf Barhockern und müssen sich zwischen Foam Party und Boy Strip entscheiden …

Doch nicht nur in der europäischen Dance-Szene, auch bei der besseren Gesellschaft der Türkei haben Bodrum und Marmaris einen geradezu mythischen Ruf. Das führt zu einem immensen Urbanisierungsdruck: Ein Ferienhaus bei Bodrum gilt als *das* Statussymbol in Ankara, Istanbul oder İzmir, die Nachfrage nach Apartments, die kaum mehr als ein Mittelklassewagen kosten, ist enorm – und so klotzen die Baulöwen hier ganze Hänge mit rasch hochgezogenen Ferienanlagen zu. Nicht nur Bier und Schweiß, auch der Beton fließt reichlich in dieser Gegend.

Beschauliche Ecken sind da selten geworden und werden es zunehmend mehr. Einsamkeit ist jedenfalls schon lange nirgendwo mehr zu finden.

Diese Entwicklung hat natürlch auch Schattenseiten, die darf man nicht verschweigen. Auf der Bodrum-Halbinsel, wo vor 100 Jahren vielleicht 10 000 Menschen ein bescheidenes Auskommen fanden, wollen nun im Hochsommer rund eine halbe Million Leute leben (und duschen). Das ist aber auf der notorisch wasserarmen Halbinsel gar nicht möglich, und so fahren jeden Tag Tanklaster das Freude spendende Elixier in die Pools der 1001 Hotels.

Immer weiter öffnet sich zudem die enorme gesellschaftliche Kluft – zwischen den Reichen, die sich modern und westlich geben, und den Armen, die traditionalistisch und islamisch sind. Frauen in weiten bunten Pluderhosen, wie sie im anatolischen Binnenland üblich sind, sieht man höchstens noch als Putzkräfte – und das nicht nur in den Party Spots, sondern auch dort, wo türkische Familien Urlaub machen. Auch die 20-jährige Türkin lässt es sich heute nicht neh-

Heiße Nächte in Bodrum, Badespaß in İçmeler: die Südägäisküste der Türkei bietet für jeden etwas

men, im Mallorca-Hüfttuch über die Strandpromenaden zu schweben. Man trägt Bikini, raucht Zigarette und das Handy gehört sowieso zur Grundausstattung. Das hat zu Verhältnissen geführt, die man fast als schizophren bezeichnen könnte: Frauen in Pluderhose und Kopftuch bedienen Frauen in durchsichtigen Bikinis – und wissen dabei, dass sie von ihren Männern umgebracht würden, wenn sie ebenso daherkämen.

Diese Kluft zwischen den nach Westen, nach Europa und Amerika orientierten Modernisierungsgewinnern und den Verlierern dieser Entwicklung, die zum islamischen Fundamentalismus tendieren, birgt enormen Zündstoff. Die Fernsehbilder vom lockeren Treiben der Politiker auf den Festivals von Bodrum und Marmaris trugen sicherlich zu den Wahlerfolgen der Islamisten bei. Nun sind die Fundamentalisten durch Einschreiten der Militärs aus der Regierung verdrängt, in Bodrum hatte man davon sowieso nichts gespürt. Hier an der Küste wird in sechs Monaten über die Hälfte der Deviseneinnahmen der Türkei erwirt-

schaftet – da nimmt man, was man kriegt, und verschiebt die Meckerei auf den Winter.

Dass es hier um ein gewaltiges Geschäft geht, das merkt man auch als Tourist schnell: Ständig wird man beim abendlichen Flanieren angesprochen, von Teppich- oder Souvenirverkäufern, von Kellnern, von Ausflugsveranstaltern – stets mit türkischer Höflichkeit und Gastlichkeit natürlich, aber auf die Dauer zehrt es eben doch an den Nerven. Die da so fließend in allen europäischen Sprachen reden, sind natürlich keine ›Einheimischen‹; auch sie kommen nach Bodrum oder Marmaris oder Turunç nur im Sommer, um einen Laden aufzumachen. Nächstes Jahr können sie schon wieder in Alanya oder in Kuşadası sein.

Die ›echten‹ Einheimischen müssen da oftmals lange Gesichter machen, wenn die aus Istanbul das Geschäft machen (oder die großen Reiseveranstalter aus Europa, die mit ihrem All-inclusive-Konzept vor allem den kleinen Anbietern vor Ort schaden). Aber so lange es geht, versucht man sich

zu arrangieren, z. B. im System doppelter Preise, die immer wieder für Erstaunen sorgen. Denn der Preis ist hier stets variabel: nicht weil man handeln könnte, sondern weil er sich am Geldbeutel des Kunden orientiert. Das ist natürlich kein Betrug, sondern Schlauheit – und die stets beeindruckende, charmante Gastlichkeit der Menschen wiegt alle kleinen Schlitzohrigkeiten auf. Oder auch kleine Erlebnisse abseits der Trampelpfade, wenn man einmal rausfährt, um sich ein bisschen umzuschauen: ein Lächeln am Wegesrand, eine Blume als Geschenk, eine kulinarische Entdeckung in einem einfachen Lokanta. Oder wenn man morgens früh aus der Disco kommt und eine ganze Reihe neuer, türkischer Freunde hat. Denn das ist das eigentliche Geheimnis eines Türkei-Urlaubs an der Ägäisküste, dass man sich trotz aller Merkwürdigkeiten fühlt wie im Paradies. Und noch nicht einmal sagen kann, woran es liegt.

Lage	Bodrum liegt etwas über, Marmaris etwas unter dem 37. Breitengrad, was etwa der Höhe von Tunis entspricht.
Klima	Generell ist das Klima an der Ägäisküste etwas frischer als das der südlichen Mittelmeerküste, aber auch hier werden im Mai Höchsttemperaturen von 39 °C, im August von 43 °C verzeichnet. Von Mitte Juni bis Mitte September bleibt es auch abends sehr warm; in der Bucht von Marmaris sogar bis 30 °C um Mitternacht.
Einwohner	Bodrum hat etwa 22 000 Einwohner, Marmaris etwa 28 000. In der Hochsaison wachsen diese Zahlen jedoch auf ca. 400 000 an. Die meisten Urlauber kommen aus Deutschland, UK (Großbritannien) und Russland.

Geschichte

Römische Säule in Milas

2. Jt. v. Chr.	Bronzezeit: Das Hethiter-Reich beherrscht das Innere Kleinasiens, die Ägäis-Küste steht unter dem Einfluss der minoischen Kultur von Kreta, den Norden kontrolliert die Handelsstadt Troja an den Dardanellen. 1185 endet nach antiker Überlieferung der Trojanische Krieg.
ab 1100 v. Chr	Griechische Völker wandern nach Kleinasien: Ionische Griechen gründen Ephesos, dorische besiedeln Rhodos: Diese beiden Pole bestimmen für das nächste Jahrtausend die Geschichte der südlichen Ägäis-Küste, wo das Volk der Karer siedelt.
ab 6. Jh. v. Chr.	Die Griechenstädte an der Küste erleben eine kulturelle Blüte, die auch die Unterwerfung durch die Perser um 546 v. Chr. nicht beendet. Der Aufstand der ionischen Städte 499 löst die Perserkriege aus. Athen siegt zwar, Kleinasien bleibt aber persisch.
377–353 v. Chr.	Maussollos herrscht als persischer Satrap über Karien und baut Halikarnassos, das heutige Bodrum, zu einer Königsstadt aus.
ab 334 v. Chr.	Mit dem Alexanderzug wird die gesamte Küste griechisch. In der Diadochenzeit steigen Pergamon im Norden und Rhodos im Süden als wichtigste Machtzentren auf.
2. Jh. v. Chr.– 3. Jh. n. Chr.	Die Römer unterwerfen Kleinasien; Ephesos wird Provinz-Hauptstadt. 46 n. Chr. beginnt die christliche Mission; im 3. Jh. ist Westkleinasien das geistige Zentrum des Christentums.

333–10. Jh.	Kaiser Konstantin verlegt die Hauptstadt des Römischen Reichs nach Byzanz (›Konstantinopel‹, heute İstanbul). Das Christentum wird Staatsreligion, Kleinasien Kernland des oströmischen (›byzantinischen‹) Reichs. Im Arabersturm des 7. Jh. werden Rhodos und Smyrna geplündert.
1071–14. Jh.	In Inneranatolien entsteht das Seldschuken-Reich, an den Küste kleinere Emirate, z. B. bei Bodrum und Milas das der Menteşe. Zur Zeit der Kreuzzüge (1096–1204) setzen sich Genuesen und Venezianer an der Küste fest. Ab 1309 erobert der Kreuzritterorden der Johanniter Rhodos und baut die Burg St. Peter in Bodrum.
ab 1453–1918	1453 erobert der Osmanen-Sultan Mehmet II. Konstantinopel; Ende des byzantinischen Reichs. Die Küstenstädte bleiben aber mehrheitlich griechisch bevölkert. Schon 1821–30 erkämpfen die Festlandsgriechen ihre Unabhängigkeit vom Reich, das im Ersten Weltkrieg zusammenbricht.
1923–1950	Der Versuch Griechenlands, die Westküste zu erobern, endet mit einem Fiasko: Alle Griechen müssen das Land verlassen. Mustafa Kemal, später Atatürk, gründet die Türkische Republik und beginnt eine umwälzende Reformpolitik zur Verwestlichung des Landes. Er stirbt 1938, doch endet die Einparteienherrschaft seiner CHP erst 1950 mit dem Wahlsieg der Konservativen.
1950–1980	Wirtschaftliche Probleme und politische Konflikte beantwortet das Militär dreimal ('60, '71, '80) mit einem Staatsstreich. Bis heute wacht die Armee über den Vorrang der Verfassung vor dem Islam.
ab 1983	Turgut Özal (AnaP) leitet liberale Wirtschaftsreformen ein, dadurch Beginn des touristischen Ausbaus der Ägäis-Küste. Dies bringt dem Land zwar eine enorme Modernisierung, doch Wohlstand nur für die sehr kleine Geldelite.
1995	Die Islamisten sind als Vertreter der Armen stärkste Partei und kommen in die Regierung, werden 1997 aber auf Druck der Militärs entmachtet.
1999	Wahlsieg der links-nationalistischen DSP unter Ecevit (Ministerpräsident); die bürgerlich-liberalen Parteien DYP und AnaP verlieren weiter an Boden.

Gut zu wissen!

Obwohl die Traditionen in den großen Urlaubsorten kaum noch eine Rolle zu spielen scheinen, sollte man nie vergessen, dass die Türkei ein islamisches und auch ein orientalisches Land ist. Spätestens wenn man aus den Küstenzentren ins Inland fährt, zählen die Traditionen wieder.

Beschwerden: Auch wenn das meiste nicht so perfekt ist wie in Deutschland, versucht man doch stets, bei Problemen Abhilfe zu schaffen. Lautstarkes Auftreten schadet da eher.

Bettler: Bettelnden Kindern sollte man nichts geben, da sie oft wegen des Mitleidsfaktors auf die Straße geschickt werden (statt zur Schule). Ältere Menschen, die betteln, können jedoch nur so überleben, da es weder Rente noch ›Stütze‹ gibt.

Deutsch: Wer etwas verkaufen will in der Türkei, spricht jede Sprache seiner Kunden. So können sehr viele in den Urlaubshochburgen Deutsch, sonst hilft man sich mit Englisch.

Fotografieren: Wie in Deutschland lässt sich nicht jeder gern ablichten. Bevor man ›abdrückt‹, sollte man daher das Einverständnis durch ein Nicken oder Lächeln einholen.

Frauen: Traditionell sind in der Türkei Männer- und Frauenwelt strikt getrennt. Den Frauen gehört das Haus, den Männern gehören die Straßen und die Teehäuser – für Familien oder Paare gibt es die *Aile Salonu,* von den Männertreffs abgesonderte Bereiche.

Handeln: Im Basar, am Souvenirstand und bei Autoverleihern ist der Preis Verhandlungssache. Bis zu 30% Abschlag kann man heraushandeln. Aber feilschen Sie nicht zum Spaß. Schlägt der Händler ein, müssen Sie kaufen, sonst wäre es Wortbruch.

Moscheebesuch: Fünfmal am Tag singt der Muezzin und ruft so zum Gebet. Die meisten Türken besuchen aber nur freitags zum

Zwei Welten

In Urlaubsanlagen von Bodrum und Marmaris fühlt man sich wie in Europa, aber im Hinterland geht das Leben noch seinen traditionellen Gang. Wo die Grenzen zwischen den Welten verläuft, ist oft unklar. Bei Ausflügen sollte man sich aber klar machen, dass man in eine ganz andere Türkei fährt.

Mittagsgebet die Moschee. Vorher wäscht man Füße, Hände und Gesicht. Touristen sollten die Gebetszeit meiden. Auf jeden Fall müssen sie wie die Gläubigen die Schuhe am Eingang ausziehen.

Mücken: Zwischen März und September gibt es sehr viele Moskitos. Da können die Nächte zur Qual werden, wenn man nicht ein Zimmer mit Klimaanlage (AC) hat. Doch auch Luxushotels schalten die Klimaanlage erst nach dem 15. Juni ein. Vor allem für Kinder sollte man unbedingt richtige Moskitonetze mitnehmen!

Nackte Haut: FKK ist in der Türkei überall verpönt, Topless wirklich nur in den abgeschlossenen Hotelanlagen üblich. Frauen, vor allem ohne männliche Begleitung, sollten sich nicht allzu freizügig zeigen – Missverständnisse sind so vorprogrammiert.

Schlepper: In den Urlaubsorten wird man ständig angesprochen, ob von Kellnern oder von netten jungen Männern, die einen zu ›ganz günstigen‹ Angeboten führen wollen – von der Provision lässt es sich ganz gut leben. Verlieren Sie nicht die Nerven: Sagen Sie »Hallo, guten Tag« und gehen Sie einfach weiter. Oder greifen Sie zur Zeichensprache. Für ›Nein‹ schüttelt man in der Türkei jedoch nicht den Kopf, sondern reckt die Kinnspitze hoch.

Sicherheit: Die Türkei ist noch sehr sicher, was ernste Kriminalität betrifft. Betrug gilt allerdings nicht als Verbrechen: Wer nicht aufpasst, ist selbst schuld. Auf Wertsachen besonders achten muss man aber im touristischen

Blaue Augen überall: nach Volksglauben bringen sie Glück

Gedränge der Gassen von Bodrum und Marmaris!

›Siesta‹: Zwischen 14 und 17 Uhr ist nicht viel los, man hält allgemein Mittagsruhe. Die Läden sind dafür bis spät abends geöffnet. Diese Zeit verbringt man am besten im Museum oder am Strand – aber merke: Nur Esel und Engländer legen sich mittags in die Sonne!

Trinkgeld: Heißt hier *bahşiş* und ist immer gern gesehen. Im Restaurant lässt man es nach dem Zahlen einfach auf dem Tisch liegen. Bitte beachten Sie aber den Wechselkurs: Schließlich sind 300 000 TL nicht einmal eine Mark. Ein zu niedriges Trinkgeld wird eher als Beleidigung verstanden.

Feste & Unterhaltung

Traditionelle Feste wie in Italien oder Spanien gibt es in der Türkei nicht – der Islam und die strikte Verwestlichung im 20. Jh. sind dafür keine Basis. Mit viel Glück erlebt man in den Bauerndörfern im Hinterland vielleicht eine private Feier (Beschneidung oder Hochzeit), bei der traditionelle Musiker mit *zurna* (Kegeloboe) und *davul* (Basstrommel) aufspielen. Leute aus der Stadt feiern stattdessen mit Türk-Pop in den Touristenhotels – dann kann es ziemlich lange ziemlich laut werden. Modern, turbulent und sehr international ist hingegen die nächtliche Disco-Szene in den Urlaubsorten.

Feiertage

Die offiziellen staatlichen Feiertage haben oft einen volksfestähnlichen Charakter. So geht man vormittags zur Parade am Atatürk-Denkmal und lauscht den patriotischen Reden, danach wird gefeiert. Interessant ist der ›Kindertag‹ im April, wenn Tanzgruppen in alten Trachten auftreten.

1. Januar: Neujahr; nur in großen Städten wird Silvester gefeiert.

23. April: Tag der nationalen Souveränität und der Kinder. Tanzaufführungen von Kindergruppen.

19. Mai: Tag der Jugend und des Sports. Auftritte von Jugendgruppen und Sportvereinen.

30. August: Tag des Sieges. Aufmärsche und Militärparaden.

29. Oktober: Tag der Republik. Aufmärsche und Militärparaden.

Religiöse Feste

Die religiösen Feste werden nach dem islamischen Mondkalender festgelegt und verschieben sich jährlich um ca. zehn bis elf Tage nach vorn.

Şeker Bayramı: Mit dem ›Zuckerfest‹, das drei Tage dauert, feiert man das Ende des Fastenmonats Ramadan. Die Kinder werden mit Süßigkeiten beschenkt, man kauft neue Kleider und schwelgt daheim in lukullischen Genüssen. Termin: 2001 ab 19. Dezember.

Festivals

April/Mai: *Efes Kültür Festivalı*, Theater- und Folkloreveranstaltungen in Selçuk/ Ephesos (Open-air-Aufführungen im antiken Theater).

Anfang Mai: *Marmaris Yatcılık Festivalı*, internationale Regatten, Kulturprogramm.

Mitte Juni: *Marmaris Sanaat Festivalı*, Konzerte, Theater, Wassersportwettbewerbe. Die High Society aus İstanbul gibt sich ein Stelldichein.

Anfang September: *Bodrum Festivalı*, Kunst- und Kulturfestspiele mit Auftritten bekannter türkischer Stars.

Kurban Bayramı: Das ›Opferfest‹ ist das höchste Fest des Islam. Es erinnert an das Opfer Abrahams, das auch den Muslimen als Symbol der Unterwerfung unter Gottes Willen heilig ist. Wer es sich leisten kann, schlachtet ein Tier, dessen Fleisch teilweise an die Armen verschenkt wird. Gleichzeitig ist das Fest der Höhepunkt des Wallfahrtsmonats, in dem man zur Pilgerfahrt nach Mekka aufbricht. Termin: 2001 ab 8. März.

Ramadan: Im Fastenmonat darf der Muslim bis Sonnenuntergang nicht essen, trinken oder rauchen. Für viele Türken in den Urlaubsorten spielt das keine große Rolle, anders jedoch im Inland. 2001 ab 18. November.

Ausgehen

Im Hochsommer ist es bis Mitternacht noch über 30 °C warm (vor allem in der Bucht von Marmaris) – klar, dass man dort heiße Nächte erleben kann. Nachtleben findet an der Ägäisküste aber auch von Mai bis September hauptsächlich unter freiem Sternenhimmel statt. In den Urlaubsorten, vor allem in Bodrum, Gümbet und Marmaris, kann man in den **Bar-Vierteln** bis spät in der Nacht zwischen lauschigen Cafés und lauten Musikbars pendeln. Bistro, Candle-Light, Irish Pub, American Bar – alle Stilrichtungen sind dort vertreten. Richtige türkische *Lokanta* hingegen kann man nur noch abseits dieser ›Bar Streets‹ finden.

Der Übergang von der Bar zur **Disco** ist fließend und nennt sich Music Bar. Ob open-air oder in der Halle, die Music ist stets top-aktuell: Rave, TripHop und was gerade die neueste Erfindung ist. Kein Wunder, da die türkische Pop-

Nachts in der Altstadt von Bodrum: da trifft sich die Welt

Szene zum großen Teil aus deutschtürkischen Musikern besteht und die besten Schuppen DJs aus England einfliegen lassen. Legendär ist vor allem der Ruf von Mega-Discos wie dem Halikarnas in Bodrum und dem Green House in Marmaris. Auch viele große Hotels betreiben eine Disco – das ist jedoch nicht immer sonderlich aufregend!

Filmfans kommen in den **Kinos** durchaus auf ihre Kosten: gezeigt werden oft amerikanische Streifen in der Originalfassung (mit türkischen Untertiteln) – wenn man dann noch open-air sitzt, kann das ein wunderbares Erlebnis werden.

Essen & Trinken

Rund um Bodrum und Marmaris hat man eine enorme Auswahl an Restaurants. Halbpension lohnt da wirklich nicht – zumal die Hotelküchen leider allzuoft dem 08/15-Durchschnittsgeschmack hinterherkochen. Mit ein wenig Mut kann der Urlaub aber auch ein kulinarisches Erlebnis werden.

Besonders spannend ist das bei den ›Vorspeisen‹ *(mezeler)*, die es in erstaunlicher Vielfalt gibt. Mitunter kann man sich am Buffet bedienen und alles einmal durchprobieren; sonst bestellt man wie die Türken ein paar verschiedene Teller für den ganzen Tisch.

Als Hauptgericht gibt es meist Grilladen (*Şiş:* Spieß, *Köfte:* Bulette, *Kebap:* Drehspieß) und Fisch. Beim Fleisch spielen Huhn, Rind und Lamm eine große Rolle, Schwein gibt es nicht, da vom Koran verboten. Überall bekommt man aber natürlich auch Pizza, Spaghetti und Hamburger & Co.

Beliebt als Nachspeise ist Obst (z. B. *karpuz,* Wassermelone) und Speiseeis *(dondurma).* Aber auch eines der süßen Backwerke mundet köstlich zum Mokka, etwa *baklava* (mit Walnüssen oder Pistazien gefüllter Blätterteig).

Wo isst man was?

Generell gilt: je nobler das Ambiente, desto weniger authentisch das Essen und desto teurer obendrein. In bodenständigen Lokalen isst man günstiger, abwechslungsreicher – und keinesfalls schlechter. Sie heißen z. B. *pide salonu* oder *lokanta*, meist sind sie an den Busbahnhöfen zu finden. Dort kann man die vorgekochten Speisen an Warmhaltetruhen aussuchen und isst üppig für gut 15 DM. Die Rechnung zahlt man hier üblicherweise nicht getrennt, sondern legt zusammen.

Im feineren *restoran* ist das Preisniveau deutlich höher, zumal wenn es sich um eines mit europäischer oder asiatischer Küche handelt. In Spitzenlagen bezahlt man sogar mehr als zu Hause – ohne die gewohnte Qualität zu

Da kann man die Seele baumeln lassen: die Fischlokale von Gümüşlük bei Bodrum sind ein beliebtes Ausflugsziel

bekommen. Besonders vorsichtig sollte man sein, wenn lautstark mit typisch englischen Speisen geworben wird. Meist wird das Angebot an der Kühlhaltetruhe in der jeweiligen Heimatsprache erläutert: Türkische Namen spielen keine Rolle mehr, türkische Traditionen aber oft ebenfalls nicht.

Getränke

Cola & Co. sind überall erhältlich, erfrischender ist aber *ayran*, ein salziges Joghurtgetränk (sehr gut bei Hitze). Außer in traditionellen Lokalen wird überall auch Alkohol ausgeschenkt. Das türkische Bier *(bira)* heißt Efes und ist recht süffig, sehr häufig gibt es aber auch deutsche Sorten (bis hin zu bayerischem Weißbier). Der inländische Wein ist nicht schlecht, jedoch kommt Wein so gut wie nie richtig temperiert auf den Tisch. Als Nationalgetränk gilt der Tee *(çay)*, der oft als Symbol der Gastfreundschaft angeboten wird (neben Schwarztee heute oft auch ›Apple Tea‹ aus Instantpulver). Der türkische Mokka *(kahve)* wird vorgesüßt und mit Satz serviert, ist aber nur selten zu bekommen. *Rakı* ist ein hochprozentiger Anisschnaps, den man ungekühlt und mit Wasser verdünnt trinkt. Na dann: Prost heißt auf türkisch *Şerefe*!

Spezialitäten-Lexikon

Adana Kebap Hackfleisch am Spieß; scharf gewürzt
Çöp Şiş kleine Fleischspieße vom Grill, wörtl. ›Abfall-Spieß‹
Gözleme dünner Teig, gefüllt mit Schafskäse und Kräutern
İmam bayıldı Auberginen mit Zwiebel-Tomaten-Sauce
İskender Kebap Döner Kebap auf Fladenbrot mit Joghurtsauce
İzgara Köfte gegrillte Fleischbällchen
İzmir Köfte mit Kartoffeln und Tomatensauce geschmorte Hackfleischbällchen
Mantı eine Art türkische Ravioli, aber mit kalter Joghurtsauce
Şiş Kebap Fleisch am Spieß
Saç Kavurma auf dem Blech mit Gemüse geschmortes Fleisch, auch ›osmanische Pfanne‹ genannt
Tandır im Tontopf butterzart gegartes Fleisch
Tas Kebap Rindfleisch (wie Gulasch geschmort) mit Gemüse

Sport & Freizeit

Die Türkei ist ein Paradies für den Aktivurlaub: Wassersport steht natürlich im Vordergrund, aber auch an Land lässt sich einiges unternehmen. Wer allein zu größeren Touren aufbricht, sollte allerdings einige Vorsichtsmaßnahmen beachten, denn nur wenige Kilometer außerhalb der Urlaubsorte hat man die ›zivilisierte‹ Welt verlassen.

Wassersport

Baden
Die Strände vor den Hotels sind meist sehr gepflegt und werden jeden Morgen geharkt, dafür zahlt man ca. 8 DM für zwei *sun beds* mit Schirm. Bei den Ortsstränden großer Urlaubsorte lässt die Wasserqualität mitunter zu wünschen übrig. Da lohnt auch ein Ausflug in einen Aqua Park, eines der ›Spaßbäder‹ mit vielen aufregenden Wasserrutschen, die es heute in allen Urlaubsorten gibt.

Banana & Co.
An den Stränden vor den Großhotels werden Tretboote, führerscheinfreie Motorboote oder Jet-Skis verliehen. Häufig findet man auch Wassertrampolins, Wasserski, Banana Riding oder Ringos, dazu auch Paragliding mit dem Boot. Auch Surfbretter kann man an vielen Stränden leihen, für Könner gibt es allerdings kaum gute Spots. Die Südküste der Bodrum-Halbinsel ebenso wie die Marmaris/Içmeler-Region liegen im Windschatten; Starkwind-Feeling kommt höchstens rund um Turgutreis (nahe Bodrum) auf.

Rafting
An der türkischen Südägäis gibt es nur einen Fluss, der leicht erreichbar ist und mit Ausflugstouren angefahren wird. Die Rafting-Abfahrten auf dem Dalaman Çayı zwischen Marmaris und Fethiye sind auch für Anfänger geeignet.

Segeln
Bodrum und Marmaris sind die Hochburgen des türkischen Jachtcharter-Tourismus. Die ›Blaue Reise‹ mit dem Segelboot von Bucht zu Bucht kann man sogar schon pauschal buchen. Angesichts des beengten Platzes an Bord ist das gewiss ein Wagnis. Angenehmer und auch günstiger kann es sein, wenn man als feste Gruppe von 6–10 Personen vor Ort ein Boot mitsamt Kapitän chartert. Die Preise schwanken je nach Saison, Anbieter und Boot, in der Hochsaison im August rechnet man etwa 1000 DM pro Person/Woche, mit Verhandlungsgeschick Anfang Juni gut 40 % weniger. Viel günstiger (ca. 50 DM) sind Tagestouren, allerdings fährt man da meist in Gruppen zu 30 Personen. Charteradressen sind jeweils bei den Ortsbeschreibungen angegeben.

Tauchen
Tieftauchen mit Flasche *(Scuba Diving)* ist nur in Begleitung lizen-

Banana Riding ist der neueste Zeitvertreib am Meer

zierter Tauchführer erlaubt. Damit soll ›Schatztauchen‹ unterbunden werden (antike Funde müssen bei der Polizei gemeldet und abgegeben werden). In den Urlaubsorten, aber auch in den meisten Großhotels bieten Tauchschulen Kurse von 4/5 Tagen zum Erwerb des Padi- oder CMSA-Brevets an (um 500 DM). Die Ausrüstung wird gestellt; das nötige Gesundheitszeugnis erledigt ein türkischer Arzt. Fortgeschrittene können Ausrüstung leihen, meist kann man dort auch US-Markenware günstig einkaufen. Buchung und Info erfolgt meist abends am Marina-Kai vor den Tauchbooten.

Sport an Land

Enduro off-road
Mit der Enduro durch die Taurus-Bergwelt – das ist die Krönung des Abenteuerurlaubs. Möglich macht es YoshiMoto in Marmaris (s. S. 65), wo man auch 7-tägige Rundtouren buchen kann: von Off Road ›Light‹ bis ›Extrem‹ im März – »nichts für Weicheier«, verspricht Chef Sönke Bonde. Info und Pau-

schalbuchung: Bike & Adventure, 74223 Flein, Tel. 07131/58 07 00.

Mountainbiking
In den Urlaubszentren kann man meist recht neue Räder leihen, die für kleinere Touren gut geeignet sind. Kondition und Fahrvermögen (Schotterpisten!) sind Voraussetzung; beste Zeit für Touren das Frühjahr bis Mitte Mai.

Wandern
Wer wandern will, sollte gute Kondition und viel Trekking-Erfahrung mitbringen, wenn er auf eigene Faust Touren unternehmen will. Verlässliche Karten oder Markierungen gibt es nicht, nur selten überhaupt schöne Fußpfade. Empfehlenswert sind nur die Monate März und April, sonst ist es viel zu heiß. Wasser muss man stets in ausreichender Menge mitnehmen. Geführte Wanderungen werden selten angeboten; Wanderferien in sehr ländlicher Umgebung bietet aber die Agora Pansiyon in Herakleia/Kapıkırı bei Milas (C2, Region Bodrum): Touren zu den Klöstern über dem Camiçi-See (Tel./Fax: 0252/534 54 45).

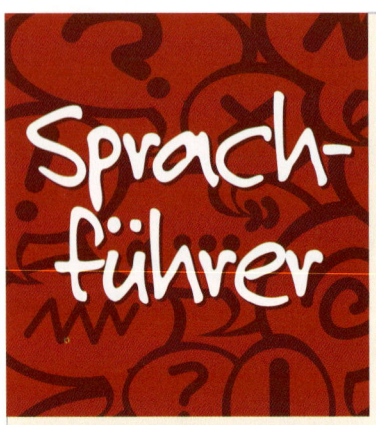

Sprachführer

Auf den ersten Blick sind türkische Sprachkenntnisse in den Touristenzentren an der Küste überflüssig: Kaum einer, der nicht zumindest etwas Deutsch spricht, zumeist sogar erstaunlich gut. Im Millionengeschäft des Fremdenverkehrs sind solche Sprachenkenntnisse halt das wichtigste Kapital; und manch ein ›Deutschtürke‹ findet hier einen krisenfesteren Job als im kalten Norden. Anders sieht das mit der Sprache allerdings im Hinterland aus, wo kaum jemand eine Fremdsprache beherrscht.

Um wenigstens einige Sätze und die Ortsnamen richtig sagen zu können, sollte man sich zumindest die Aussprache einprägen; manche Buchstaben werden nämlich ganz anders gesprochen, als erwartet.

Aussprache

c entspricht dsch;
cami (Moschee) – dschami
ç entspricht tsch
kaç (wieviel) – katsch
e entspricht kurzem, offenen ä
evet (ja) – äwät
ğ als Längung nach a, ı, o, u
dağ (Berg) – daa

wie j nach e, i, ö, ü
değil (nicht) – dejil
h wie in Hans vor Vokal;
wie ch in Macht nach dunklem Vokal
bahçe (Garten) – bachtsche
wie ch in ich nach hellem Vokal
salih (fromm) – salich
ı wie das dumpfe e in laufen
halı (Teppich) – hale
j stimmhaft wie das g in leger
plaj (Strand) – plaasch
s stimmloses s wie in Masse
su (Wasser) – ßu
ş entspricht sch
şelale (Wasserfall) – schelale
v wie in Wut
ve (und) – we
hinter a wie u
pilav (Reis) – pilau
y entspricht deutschem j
yol (Weg) – jol
z stimmhaftes s wie in Rose
güzel (schön) – güsel

Zahlen

0	sıfır	30	otuz
1	bir	40	kırk
2	iki	50	elli
3	üç	60	altmış
4	dört	70	yetmiş
5	beş	80	seksen
6	altı	90	doksan
7	yedi	100	yüz
8	sekiz	500	beş yüz
9	dokuz	1000	bin
10	on	10 000	on bin
11	on bir		
12	on iki	25 000	yirmi beş bin
13	on üç		
14	on dört	100 000	yüz bin
15	on beş		
16	on altı	250 000	iki yüz elli bin
17	on yedi		
18	on sekiz	500 000	beş yüz bin
19	on dokuz		
20	yirmi	1 000 000	bir milyon
21	yirmi bir		

Die wichtigsten Sätze

Begrüßung

Guten Tag	İyi günler
Hallo, Willkommen	Merhaba
Guten Morgen	Günaydın
Guten Abend	İyi akşamlar
Auf Wiedersehen	Allaha ısmardalık (sagt der, der geht) – Güle, güle (letzte Silbe betont; sagt der, der bleibt)
Willkommen!	Hoş geldiniz (sagt der Gastgeber, Antwort: Hoş bulduk)

Allgemeine Floskeln

Einverstanden!	Tamam!	Gibt es (Bier)?	(Bira) var mı?
Bitte !	Lütfen!	Es gibt (Bier).	(Bira) var.
Danke!	Teşekkür ederim!	(Bier) gibt es nicht.	(Bira) yok.
Wie bitte?	Efendim?	Ich möchte (Tee)!	(Çay) istiyorum!
Entschuldigung!	Pardon!	Ich verstehe nicht!	Anlamıyorum
ja/nein	evet / hayır		
vielleicht	pelki	Bitte helfen Sie mir!	Lütfen bana yardım edin!
sehr gut	çok iyi		

Unterwegs

rechts/links	sağda/solda
geradeaus/zurück	dosdoğru/geri
Ist das die Straße nach ...?	Bu ...e (-a) giden yol mu?
Fahren Sie nach ...?	...e (-a) gidiyor musunuz?
Wo ist die nächste Bushaltestelle/Tankstelle?	En yakın otobüs durağı nerede/benzin istasyonu nerede?
Volltanken bitte!	Depoyu doldurun lütfen!
Füllen Sie bitte Kühlwasser nach!	Radyatör suyunu doldurun lütfen!
Füllen Sie bitte Öl nach!	Lütfen yağı tamamlayın!
Ich habe eine Panne.	Arabamda bir arıza var.
Holen Sie bitte die Polizei/den Arzt.	Polis/doktor getirin lütfen!
Fährt dieser Bus nach ...?	Bu otobüs ...e (-a) gider mi?
Wo ist das Hotel/die Pension...?	En yakın ... oteli / pansiyonu nerede?
Kann ich ein Zimmer haben?	Bir oda alabilir miyim?
– Dusche/Toilette	– duş / tuvalet
Zeigen Sie mir bitte das Zimmer.	Lütfen bana odanın gösterir misiniz?
Wo ist die nächste Bank?	En yakın banka nerede?
– der nächste Taxistand?	En yakın taksi durağı nerede?
Die Rechnung bitte!	Hesap lütfen!

ℹ️ Reise-Service

Auskunft

Türkische Fremdenverkehrsämter

... in Deutschland
– Baseler Str. 37, 60329 Frankfurt
Tel. 069/23 30 81, Fax 23 27 51
– Tauentzien Str. 7, 10789 Berlin
Tel. 030/214 37 52, Fax 214 39 52
– Karlsplatz 3, 80335 München
Tel. 089/59 49 02, Fax 550 41 38
... in Österreich
Singerstr. 2/VIII, 1010 Wien
Tel. 01/512 21 28, Fax 513 83 26
... in der Schweiz
Talstr. 82, 8001 Zürich
Tel. 01/221 08 10, Fax 212 17 49

Info im Internet
www.bodrumturkey.8m.com
www.marmaris.de
www.datcainfo.com
Viele nützliche Infos und Tipps für die Vorausplanung.
www.bodrumlife.com: Umfassende Info in Englisch.
Weitere Sites über die ›Reiselinks‹ von *www.dumontverlag.de*

Tourist Information in der Türkei
In Bodrum und Marmaris gibt es jeweils ein staatliches Informationsbüro *(Turizm Danışma Bürosu).* Die Mitarbeiter verteilen Prospekte und helfen bei der Hotelsuche. In kleineren Urlaubsorten wende man sich an die Reisebüros. Hilfreich sind oft auch die Schautafeln an zentralen Plätzen mit einem Stadtplan, in dem Sehenswertes, Hotels und Ämter markiert sind.

Reisezeit

Der Hochsommer ist kaum empfehlenswert: zu heiß, zu voll, zu teuer. Bei über 40° C schafft man es kaum noch, sich vom Hotelpool zu entfernen. Und wenn auch nachts noch 30° C im Hotelzimmer gemessen werden, bleibt einem nichts anderes, als sich bis zum frühen Morgen in die Openair-Bars zu flüchten: Wahrscheinlich ist deshalb in Bodrum und Marmaris nachts mehr los als tagsüber. Wer viel entdecken will, fährt am besten im späten Frühjahr (Anfang Mai bis Mitte Juni): Dann ist die Pflanzendecke noch nicht in der Sonne verdörrt – und man kann bereits baden.

Einreise

Deutsche und Schweizer benötigen bei Einreise im Charterverkehr für eine Reise von bis zu drei Monaten nur den gültigen Personalausweis, Österreicher müssen auch Visagebühren entrichten. Es ist ratsam, stets auch den Reisepass mitzunehmen. Mobiltelefone sind wie Laptops und Surfbretter deklarationspflichtig.

Anreise

Mit dem Flugzeug

Per Charter werden die Flughäfen Bodrum und Dalaman (für Marmaris) angeflogen. Eine Ausweichmöglichkeit ist İzmir: Dorthin gibt es häufiger günstige Angebote. İzmir wird auch als einziger Airport von Turkish Airways *(Türk Hava Yolları,* THY) im Linienverkehr bedient. Überall sind Wechselschalter und Leihwagenbüros zu jeder Ankunft geöffnet.
Bodrum Airport: 35 km von Bodrum Richtung Güllük; wird derzeit aber nur relativ selten (z. B. von

TUI) angeflogen. Keine Zubringerbusse; per Taxi für ca. 70 DM nach
Bodrum.
Dalaman Airport: etwa 7 km südlich der Stadt Dalaman. Keine Zubringerbusse; nach Marmaris (120
km) fahren Taxis zu festen Tarifen
(ausgeschildert). In Dalaman (per
Taxi ca. 10 DM) halten die Fernbusse Richtung Fethiye und İzmir
oder Marmaris.
İzmir Airport: etwa 25 km südlich
des Zentrums; dorthin gehen viele
günstige Flüge und Linienverbin-
dungen. Zubringerbusse nach
İzmir-Zentrum nur bei THY-Flü-
gen. Sonst per Taxi ins Zentrum
von İzmir (ca. 35 DM) oder mit der
Bahn nach Selçuk (von dort günstige Busse nach Bodrum).

Mit dem Auto

Der Landweg über den Balkan ist
auch nach der Revolution in Ser-
bien nicht zu empfehlen. Die beste
Strecke für Selbstfahrer führt über
Italien: Fährverbindungen bestehen
von Venedig nach İzmir, von Brindi-
si nach Çeşme. Fürs Fahrzeug benötigt man die internationale grü-
ne Versicherungskarte, eine Voll-
kaskoversicherung ist anzuraten.

Unterwegs in der Türkei

Mit dem Flugzeug

THY fliegt im Inlandsdienst recht
günstig alle größeren Städte der
Türkei an, meist aber sternförmig
von/nach İstanbul oder Ankara.
Zwischen Bodrum Airport und Dalaman reist man also via İstanbul.
Eventuell kann man bei einer Gesellschaft, die mit einer Maschine

beide Airports bedient (z.B. Sun
Express), einen Lift bekommen.

Mit der Bahn

Die türkische Bahn ist sehr preis-
wert; in der Region Bodrum und
Marmaris gibt es jedoch keine
Schienenverbindungen.

Mit Bus und Dolmuş

Reisebusse sind das wichtigste
öffentliche Verkehrsmittel in der
Türkei. Die komfortablen Fernbusse verbinden preiswert alle größeren Orte im Zweistunden-Rhyth-
mus. Die Busbahnhöfe *(Otogar)*
liegen meist an der Ortszufahrt;
bei größeren Städten sind sie mit
dem Zentrum (*Şehir Merkezi*) per
Dolmuş-Verkehr verbunden. Reservierung ist nur an Wochenen-
den und vor und nach den islamischen Feiertagen nötig, sonst
kann man im Bus zahlen.
   Der Verkehr zu den Dörfern,
aber auch zu den Hotelsiedlungen
der Urlauber wird von Kleinbussen
übernommen. Sie werden *Dolmuş*
genannt und funktionieren wie ein
Sammeltaxi: Sie starten erst, wenn
(fast) alle Plätze besetzt sind, und
fahren auch mal einen Umweg.
Zentrale Busstation ist meist der
Halteplatz der Fernbusse, sonst
kann man sie per Handzeichen an
der Strecke anhalten. Das Fahrziel
ist an der Windschutzscheibe angegeben, die (preiswerten) Tickets
gibt's an Bord.

Mit dem Taxi

Taxifahren ist in der Türkei recht
günstig (mit Ausnahme der Fahrten ab Bodrum Airport). Die Wagen sind einheitlich gelb; die Fah-
rer müssen innerorts immer nach

Taxameter abrechnen! Achten Sie beim Start darauf, dass das Taxameter eingeschaltet wird. Für längere Strecken oder für Ausflugstouren vereinbart man Festpreise, die im Voraus ausgehandelt werden müssen.

Mit dem Schiff

Es gibt zwei wichtige reguläre Fährlinien: zwischen Bodrum und Datça (s. S. 38, 57) sowie zwischen Bodrum/Torba und Altınkum/Didim (s. S. 38). Eine Platzreservierung ist nur für Pkw-Fahrer erforderlich. Mit schnellen Hydrofoils (kein Pkw-Transport) kann man von Bodrum auch nach Gelibolu/ Marmaris kommen (s. S. 70).

Mit dem Auto

Das Straßennetz an der Ägäisküste ist in gutem Zustand. Die Hauptstraßen sind fast alle dreispurig ausgebaut. Anders ist die Situation im Hinterland. In Bergregionen sind sehr schmale, kurvige und selbst an Steilabstürzen ungesicherte Pisten keine Seltenheit. Türkische Autofahrer verhalten sich zumeist sehr defensiv, Vorsicht aber bei Bussen und Lkw! Zur Rush-Hour in den Großstädten muss man mit chaotischen Verhältnissen rechnen.

Leihwagen: In allen, auch den kleinsten, Urlaubsorten werden Leihwagen vermietet. Die internationalen Agenturen Europcar, Avis, Hertz findet man nur in Bodrum und Marmaris: In der Regel sind sie teurer als die türkischen, bieten jedoch besseren Notfallservice. Bei türkischen Vermietern sollte man den Wagen auf vorhandene Beschädigungen prüfen und den Zustand des Reservereifens kontrollieren. Die Tagespreise liegen zwischen 70–110 DM für einen Pkw und 120–150 DM für einen Jeep. In der Nebensaison kann man handeln. Wenn man keine Kreditkarte hat, muss man erhebliche Summen als Kaution bar vorauszahlen.

Verkehrsregeln: Höchstgeschwindigkeit innerorts 50 km/h, auf den Staatsstraßen 90 km/h, auf Autobahnen 130 km/h. Es besteht Gurtpflicht sowie ein absolutes Alkoholverbot. Verkehrsschilder entsprechen europäischen Standards.

Hinweisschilder

Dikkat: Achtung / *Dur:* Stopp
Yavaş: Langsam
Tek Yön: Einbahnstraße
İnşaat: Baustelle
Şehir Merkezi: Stadtzentrum

Tankstellen haben in der Regel auch sonntags geöffnet, an den Überlandstraßen viele durchgehend 24 Std. lang.

Tipps für Autofahrer: In der Türkei ist es üblich, vor dem Überholen zu hupen. Das ist nicht als Drängeln zu verstehen, vielmehr ist es allgemein üblich, dass der Vorausfahrende Platz zum Überholen freigibt, wenn jemand schneller fahren will. Gewöhnung erfordert auch das ›Dreispursystem‹, das Überholmanöver aus beiden Richtungen gestattet. Man sollte dort weit rechts fahren, um genügend Platz für vierspuriges Überholen zu lassen!

Bei Fahrten in abgelegenen Bergregionen muss man sich auf schlechte Pisten und über 10 % Gefälle einstellen. Bei Steilabfahrten auf Schotter mit Motorbremse fahren, sonst kann man gefährlich ins Rutschen kommen. Auch freilaufende Ziegen auf den Straßen sind nicht selten. Nachts fahren viele Autos nur mit Standlicht.

Unfälle: Bei jedem Unfallschaden, der über Haftpflicht- oder Kaskoversicherung zu regulieren ist, *muss* ein Polizeibericht aufgenommen werden, was *immer* einen Alkoholtest bedeutet. Bei gravierenderen Unfällen oder Personenschäden lassen Sie sich am besten einen Deutsch sprechenden Anwalt durch die Botschaft oder die Konsulate vermitteln (Adressen s. Umschlagklappe vorn) – in jedem Fall müssen Sie sofort den Vermieter anrufen.

Unterkünfte

Der Bauboom der letzten zehn Jahre hat in der Türkei für ein so immenses Hotelangebot gesorgt, dass man kaum den Überblick behalten kann. So ist die Konkurrenz groß, was die Preise wiederum niedrig hält. Die großen Pauschalanbieter können mit ihren Kontingentbelegungen noch günstiger anbieten: Die besseren Hotels bucht man daher über die Kataloge viel günstiger als im Land. Rechnet man dann noch die Euro-Wechselverluste dazu (die Türkei hat sich von der ›Zweitwährung‹ DM längst verabschiedet und rechnet jetzt in US-Dollar), so landet eine pauschal noch erschwingliche Anlage zu Straßenpreisen urplötzlich in der Luxuskategorie. Andererseits liegen die Häuser, die in deutschen Katalogen zu buchen sind, fast ausnahmslos weit außerhalb der Urlauberzentren in der Ödnis: spiegelglatter Marmorluxus ja, doch Fun, Action oder Restaurants Fehlanzeige. Gewiss sind die Zentren von Urlaubsorten wie Gümbet (bei Bodrum) oder Içmeler (bei Marmaris) laut und überlaufen, es gibt aber auch viele hübsche Kleinunterkünfte, die kein Katalog nennt. Am besten fährt man daher auf eigene Faust in die Türkei und sucht vor Ort eine Unterkunft.

Hotels: In der mittleren Preisklasse ab 60 DM für das DZ (›moderat‹) kann man in den Urlaubsorten mit einem kleinen Pool und einer Bar rechnen, ab 90 DM (›teuer‹) gehören Sportangebote, Restaurants, Sauna und oft auch eine Disco zum Standard. Das Frühstück gibt's überall vom Buffet.

Pensionen: Auch die Zahl der Pensionen *(Pansiyon,* ab 20 DM fürs DZ) in den Urlaubsorten ist enorm. Meist sind sie zwar schlicht ausgestattet, bieten aber eine familiäre Atmosphäre. Als Frühstück erhält man nach türkischer Sitte Brot, Tomate, Oliven und Çay (Tee), aber auch Butter, Nescafé und Honig oder Marmelade.

Camping: An der Südägäis sind gute Plätze selten. Die Broschüre »Turkey – Camping« der türkischen Tourismusbehörde listet alle lizenzierten Campingplätze auf.

Saison: Als Hochsaison gelten trotz der Hitze die Monate Juli/August: In dieser Zeit muss man mit Aufschlägen von 30 % rechnen.

Behinderte

Ein behindertenfreundliches Reiseland ist die Türkei nicht, aufgrund fehlender Sozialsysteme können türkische Behinderte nur als Bettler überleben. Da die Gestaltung der Bürgersteige (und ihrer Höhe) Privatsache ist, wird selbst ein Stadtbummel zum Hindernislauf. Sogar in den Luxushotels ist eine behindertengerechte Architektur bislang selten.

Orte v

Die besten Restaurants und die urigsten Lokale zwischen der Bodrum-Halbinsel und den Buchten von Marmaris, die schönsten
Strände der südwestlichen Türkei, die angesagtesten Discos in
den Nightlife-Zentren, Tipps für Funsport und Action, Märkte
und Basare mit orientalischem Kunsthandwerk – dieser Führer
ins Feriengebiet der türkischen Südägäis gibt Ihnen nützliche

on A–Z

sorgfältig ausgesuchte Adressen an die Hand, damit ihr Urlaub zu einem Erlebnis wird! Dazu natürlich auch Unterkünfte für Individualreisende, Tipps zum Besuch der berühmten antiken Stätten und landschaftlicher Highlights: Die Region Bodrum & Marmaris in kompakter, überschaubarer Form für den, der viel sehen und nichts verpassen will…

Orte von A-Z

Alle interessanten Orte und ausgewählte touristische Highlights auf einen Blick – alphabetisch geordnet und anhand der Lage- bzw. Koordinatenangabe problemlos in der großen Extra-Karte zu finden.

Bodrum

Lage: C5
Einwohner: 25 000
Vorwahl: 0252 (Provinz Muğla)
Stadtplan: Rückseite Extra-Karte
Extra-Tour: 1, 2 und 3 (ab S. 84)

»Anderswo lebt man, um hinterher ins Paradies zu kommen, hier lebt man bereits im Paradies«: Das schrieb Cevat Şakir, der als ›Fischer von Halikarnass‹ bekannt gewordene Schriftsteller, über Bodrum. Und wirklich entspricht der Ort genau dem, wie man sich sein Traumdorf in der Ägäis vorstellt: weiße Kubenhäuser, die sich zwischen Baumgrün und Meerblau staffeln, darüber ein mächtiges, vom Mastenwald des Jachthafens belagertes Kastell.

Aus der Nähe besehen, schwindet die Romantik jedoch, und die wummernden Bässe aus 1001 Disco Bar zeigen rasch an – hier ist man in einem der großen Fun & Sun-Zentren am Mittelmeer. Im Gegensatz zu Mallorca jedoch tummelt sich in Bodrum eine kosmopolitische Jugend; Amerikaner, Engländer, Franzosen und auch immer mehr Deutsche lockt neben Strand und Sonne vor allem das ausgelassene Nachtleben hierher. Dessen Zentrum ist die im Jargon ›Long Street‹ oder ›Bar Street‹ genannte Meile am Oststrand, wo sich eine Bar an die nächste reiht. Die zweite große Gruppe sind Jachtkapitäne, deren Zentrum der Hafen westlich der Burg mit der großen Marina bildet. Anders als z. B. in Gümbet gibt es in Bodrum auch noch ein Leben neben dem Tourismus: türkischer Kleine-Leute-Alltag prägt die Straßen rund um die große Busstation und entlang der Turgut Reis Caddesi. Wer es richtig ruhig und beschaulich möchte, muss sich aber schon zu den abgelegenen Ecken der Halbinsel von Bodrum begeben (s. S. 39).

Das heutige ›St-Tropez der Türkei‹ blickt auf eine lange Geschichte zurück. Gegründet wurde Bodrum unter dem Namen Halikarnassos, das der karische Herrscher Maussollos (377–353 v. Chr.) zur Hauptstadt seines Reiches machte. Im Mittelalter hatten die Kreuzritter des Johanniterordens von Rhodos hier einen Stützpunkt; sie bauten das Kastell St. Peter, mussten 1522 aber das Feld den Osmanen räumen. Dann versank der Ort in Dornröschen-

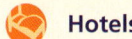

👁 Sightseeing		🤝 Hotels	
🏛 Museen		🍴 Restaurants	
🏖 Baden/Strände		🛍 Shopping	
🏊 Sport & Freizeit		🎭 Nightlife	
🌅 Ausflüge		🎉 Feste	
ℹ Information		🔄 Verkehr	

schlaf, aus St. Peter wurde griechisch Petronion und türkisch Bodrum. Cevat Şakir, als missliebiger Journalist von Atatürk ins Gefängnis in der Burg verbannt, machte Bodrum seit den 1920er Jahren als Ferienparadies bekannt, und nach dem Zweiten Weltkrieg begann mit britischen Seglern die Zeit des Tourismus. Heute kommen jährlich etwa 400 000 Ausländer nach Bodrum, dazu aber auch viele Inlandstouristen, denn Ferienwohnungen in der Umgebung sind bei der türkischen High Society überaus beliebt.

👁 **Kastell St. Peter:** Am Hafen, Di–So 8.30–12, 13–17.30 Uhr, Mo geschl., Eintritt ca. 7,50 DM, man sollte mind. 3 Std. rechnen. Sonderausstellung Schiffswrack: 10–11 und 14–16 Uhr, Extra-Eintritt 4 DM, jeweils max. 10 Personen. Sonderausstellung Karische Prinzessin: 10–12 und 14–16 Uhr, Extra-Eintritt 4 DM, jeweils max. 8 Personen.
Gebaut wurde die Festung unter dem Kreuzritterorden der Johanniter von Rhodos, der 1406 ein Kastell über einer byzantinischen Anlage errichtete. Aber erst nach 1480, nach der erfolglosen Belagerung von Rhodos durch die Türken, begann der Ausbau zur heutigen Gestalt. 1503 war er vollendet; nur 19 Jahre später, 1522, mussten die Johanniter sich jedoch den Türken auf Rhodos geschlagen geben, kampflos räumten sie auch St. Peter.

Das Kastell ist heute die Hauptattraktion in Bodrum. Nicht verpassen! (Extra-Tour 1, s. S. 84)
Mausoleion: Turgut Reis Cad., Di–So 8.30–12, 13–17.30 Uhr, Mo geschl. (Extra-Tour 2, s. S. 86) Dieser Bau, einst wohl über 50 m hoch, galt der Antike als eines der Weltwunder. Es handelte sich um das Grab des Herrschers Maussollos (reg. 377–353 v. Chr.), der als persischer Satrap begann und schließlich den gesamten Südwesten Kleinasiens mit Karien, Lykien und Rhodos regierte. Außer einer Treppe zur Grabkammer ist jedoch nicht mehr viel zu sehen: Die Kreuzritter verbauten die enormen Steinmassen bei der Erweiterung ihrer Burg im späten 15. Jh. Das Museum zeigt die vielen Rekonstruktionen durch die Nachwelt, dazu auch Abgüsse der Friesplatten mit der ›Amazonenschlacht‹ (s. S. 86). Ein Modell zeigt die antike Stadt zu Maussol-

los' Zeit: immer noch größer als der in den letzten Jahren regelrecht explodierte heutige Ort.

Myndos-Tor: zwischen Cafer Paşa und Büyük İskender Cad, frei zugänglich.

Das 1999 restaurierte Tor, angelegt in der typischen halbkreisförmigen Art der hellenistischen Zeit, ist der nahezu letzte Rest der antiken Stadtmauer. Beim Alexanderzug wurde dieses Tor nicht von den makedonischen Belagerungsmaschinen angegriffen, die im Nordosten die Mauer zerstörten, und blieb daher erhalten. Nach der Eroberung von Halikarnassos, das als persischer Flottenstützpunkt große Bedeutung hatte, ließ Alexander die Stadt zerstören und die Einwohner umsiedeln. Davon hat sie sich nie wieder erholt.

Antikes Theater: an der Umgehungsstraße, frei zugänglich.

Vom Theater blieb nicht gerade viel, die halbrunde Cavea mit den Sitzreihen und das Rund der Orchestra. Allerdings wurde es auch nie zur römischen Form mit großem Bühnenhaus umgebaut. So hat man von hier wie damals einen tollen Blick über die Stadt, besonders am Nachmittag mit der Sonne im Rücken.

Stadtstrand: Die Küste entlang der Long Street muss früher schön gewesen sein, ist jetzt jedoch arg von Bars belagert. Die Strände weiter außerhalb, also ab Hotel TMT Resort nach Osten bzw. an der Bardakçı-Bucht westlich werden faktisch von den Hotels privatisiert. Der nächste bessere Strand ist daher erst in Gümbet (s. S. 44) zu erreichen; oder man fährt hinüber nach **Kara-Ada**.

Die besten Strände der Umgebung liegen westlich von Bodrum: z.B. der Strand von **Kargı (Camel Beach)** und der Strand von **Akyarlar** (s. S. 39).

Pirate's Aqua Park: Atatürk Cad. vor TMT Village, tgl. 10–19 Uhr, Eintritt ca. 15 DM.

Ein Spaßbad mit vielen Fun-Angeboten, Bars, thematisch ganz auf Captain Hook ausgerichtet und daher bei Kindern beliebt.

Dedeman Aquapark: Richtung Turgutreis bei Ortakent, in der Sai-

Aquapark in Ortakent

Mal ehrlich: am Strand liegen und bei über 60°C braten, so etwas ist eigentlich doch öde. Das haben pfiffige Leute auch in der Türkei erkannt und alles daran gesetzt, die größten Spaßbäder der Welt zu bauen. Der Dedeman Aquapark bei Ortakent kann dementsprechend in Superlativen schwelgen:

19 Rutschen, ein Wasserspielplatz für Kinder, ein Wellenschwimmbad, drei Restaurants und sogar ein ständig präsenter Arzt. Das ist bei Rutschen wie Kamikaze Tube, Spiro Tube oder Crazy River vielleicht auch nötig. Der Tagespreis ist ordentlich, es gibt aber auch für einen ganzen Tag was zu tun.

Bodrums Bummelmeile: die ›Long Street‹

son tgl. 10–19 Uhr, Eintritt 30 DM, Kinder bis 6 frei, 6–12 50%.

 **Tauchen:** Fast alle Großhotels haben eigene Tauchlehrer. Mehr Spaß macht es aber in größeren Gruppen unter professioneller Leitung z. B. bei
Aegean Pro Dive Center: Neyzen Tevfik Cad. 212, Tel. 316 07 37, Fax 313 12 96.
4-tägige Kurse, für den Grundschein z.B. ca. 500 DM; dazu verkauft man Marken-Equipment zu günstigen Preisen. Man spricht auch Deutsch.
Aqua-Sport: Neyzen Tevfik Cad. 80/A, Tel. 313 86 83, Fax 313 87 26., E-Mail: lars.hjalmner@poseidon.com.tr
Unter schwedischer Leitung. Täglich Ausfahrten, Night Diving für CMAS**-Taucher und Kurse vom Grundschein bis zum PADI Dive Master (letzterer ca. 750 DM).
Motif Diving Center: Neyzen Tevfik Cad. 48, Tel. 316 62 52,

Fax 316 61 98,
E-Mail: motifdiving@türk.net
Breites Angebot, verfügt über spezielles Tauchboot mit Equipment für 40 Taucher und arbeitet meist mit internationalen Tauchlehrern, auch Deutschen.

Jacht-Charter
Anbieter von ›Blauen Touren‹ reihen sich entlang der Marina an der Neyzen Tefvik Cad.; hier nur besondere Empfehlungen:
Akustik Tour: Neyzen Tevfik Cad. 20, Tel. 313 89 64, Mob: 0532/434 72 85, E-Mail: akustik_tour@hotmail.com
Sehr schöne, neue Ketsch-Boote, meist Doppelbett-Kabinen mit WC und Dusche, max. Belegung 8 bis 14 Pers. Englisches Personal.
Arya Yachting: Tepecik Hamam Sok. 24, Tel. 316 15 80, Fax 316 50 59.
Viele Boote, sogar der Nachbau der *Golden Hind* von Sir Francis Drake ist im Programm (4 Kab. für max. 10 Pers.).

31

Bodrum Mariners Association:
POB 520, Tel. 316 75 30,
Fax 316 81 89, Internet:
www.bodrummariners.org.
Der seit 1970 bestehende Verein
der Bodrumer Seemänner vermietet modern ausgestattete Ketsch-
Jachten mit Besatzung. Die meisten Jachten, die heute vor der
Südostküste unterwegs sind, wurden übrigens in den acht Werften
des Vereins gebaut.

Pupa Yachting: Firkateyn
Sokak 27, Turban Marina,
Tel. 316 23 98.
Ältester und professionellster Anbieter für Bareboat Charter (Boote
ohne Mannschaft für Selbstseg-
ler), dazu technische Hilfe für Segler mit eigener Jacht. Hauptvertre-
tungen auch in Marmaris und Gö-
cek; Agenten in Antalya, Kemer,
Kuşadası.

Kara-Ada (Black Island): Auf
der vorgelagerten ›Schwar-
zen Insel‹ hat die Gemeinde Bodrum eine Badeanlage gebaut, die
neben einem Kieselstrand und
Poolbecken auch Möglichkeiten
zum ›Cliff Jumping‹, eine Tauch-
station, einen Kinderspielplatz,
Beach Bar und sogar einfache Unterkunft bietet. Überfahrt zwischen 10 und 2 Uhr nachts ab Hafenkai am Anfang der Neyzen Tevfik Caddesi.

Eylül Meydanı, kurz vor der
Burg, Tel. 316 10 91

Tipp vorweg: Nezos Tours
vermittelt günstig freie Zimmer in den Mittelklasseanlagen.
Wenn man vor Ort eine komforta-
blere Unterkunft sucht, fragt man
am besten erst hier:
Neyzen Tevfik Cad. 234,
Tel. 316 80 74,
Fax 316 14 98

Arcade: Cumhuriyet Cad. 159,
Tel. 313 31 85, Fax 313 48 76,
günstig.
Ein nettes Einfachhotel in Toplage,
nämlich direkt an der Barmeile am
Oststrand. Die Zimmer sind etwas
älter, aber ganz hübsch, einen
kleinen Pool und eine Bar gibt es
auch. Lärmempfindlich darf man
allerdings nicht sein; das hier ist
eher etwas für Leute, die viel feiern und mitten drin sein wollen.

Hadi Apart: Eski Çeşme Mah.,
Caferpaşa Cad. 67,
Tel. 313 46 94, Fax 316 72 51,
günstig.
Nette, familiäre Apartmentanlage,
die gut mit dem Auto erreichbar
ist. Junge kosmopolitische Atmosphäre mit Chart Hits am Pool,
auch die vielen Engländer sind
durchaus noch erträglich... Ein
Zimmer zur Straße sollte man aber
nicht nehmen.

Villa Durak Pansiyon: Kumbahçe
Mah., Rasathane Sok 14,
Tel. 316 15 64, Fax 313 84 26,
günstig.
Eine günstige (enorm günstige)
Adresse aus dem Backpacker-Mi-
lieu – ja, auch das gibt es in Bodrum noch. Vor dem Haus sitzen
Oma und Opa und bestaunen das
westliche Jungvolk, dazwischen
toben die Enkel, und wenn man
Glück hat, wird man vom Herr des
Hauses zu einer Rakı-Runde mit-
genommen. Um Komfort geht es
da weniger – auch wenn die Zimmer geräumiger sind, als das enge
Stiegenhaus befürchten lässt. Und
gut gelegen ist es: ruhig, aber sehr
nah beim Oststrand.

Alize: Kumbahçe Mah., Üç Kuyu-
lar Cad. 5, Tel. 316 14 01,
Fax 316 86 11, moderat.
Eine hübsche und zentral gelegene Anlage um einen Hof mit Pool,
ganz nahe beim Oststrand. Nette
familiäre Atmosphäre, mit seinen

30 Zimmern noch gut überschaubar. Von der Atatürk Cad. bei der neuen Moschee abbiegen, großer Parkplatz vor dem Haus!

Baraz: Cumhuriyet Cad. 70, Tel. 316 18 57, Fax 316 67 19, moderat.

Eine Adresse mitten im Trubel, sogar eine traditionsreiche aus den späten 1970ern (als Bodrum noch um die Hälfte kleiner war). Liegt direkt am Meer und ist nur von Leuten unter 30 frequentiert: Engländer zumeist, und die verstehen zu feiern.

Say: Türkkuyusu Cad., Alibaba Çikmazi 9, Tel. 316 88 74, Fax 313 02 47, günstig/moderat.

Ein verstecktes Kleinod nah bei der Busstation, sehr ruhig und doch zentral gelegen. Die Zimmer liegen im typischen Bodrum-Stil in zweistöckigen Bauten rund um den kleinen Pool. Von Lonely Planet empfohlen, daher stets eine kosmopolitische Atmosphäre.

Bantur & Naz: Kumbahçe Mah., Dr. Mümtaz Ataman Cad., Rasattepe Sok., Tel. 316 56 92, Fax 316 56 91, moderat/teuer.

Diese hübsch-überschaubare Anlage im typischen Bodrum-Stil ist eine der wenigen Adressen, die man direkt im Ort Bodrum pauschal buchen kann. So ist man also schnell und zu Fuß im quirligen Leben, doch aufgrund der Lage in einem Wohnviertel ist eine friedvolle Nachtruhe garantiert. Der Pool ist vielleicht etwas zu klein, doch der Pirate's Aquapark (s. S. 30) ja auch nicht weit.

Azka: Bardakçi Koyu, Tel. 316 89 92, Fax 316 82 14, teuer.

Eine große 175-Zimmer-Luxusherberge, sehr ruhig gelegen etwas außerhalb der Stadt am Bardakçi-Strand Richtung Gümbet. Vorteil ist die Lage direkt am Strand, aber auch die Wellness-Angebote des Hotels haben es in sich: vom Fitness Center bis zum Indoor-Pool, vor dem Hotel ein Wassersport-Center. Wer auch sonst noch etwas erleben will, kann mit dem Bootstaxi rasch in die Stadt fahren.

Am Oststrand reihen sich die Open-air-Bars

Manastir: Bariş Sitesi Mevkii, Tel. 316 28 54, Fax 316 27 72, teuer/Luxus.

Dass man sich am Empfang geradezu distinguiert gibt, mag kein Zufall sein, denn mit den neuen Anlagen seiner Klasse kann das Manastir allein räumlich kaum mithalten. Dafür liegt es fast zentral (10 Min. zu Fuß zur Bar Street), doch ruhig und mit tollem Blick zur Burg. Auch der Service vermag zu halten, was der Vorortbucherzimmerpreis von 140 US-$ (!) verspricht.

TMT Aegean Village: Atatürk Cad. 134, Tel. 316 12 08, Fax 316 26 47, E-Mail: tmt@tam.com.tr, teuer/Luxus.

Ein echter Geheim-Toptipp: Im schönen Garten versteckt sich hinter grünen Hecken eine sympathische, nicht allzu aufgemotzte Anlage mit großgeschwungenem Pool, Kinder-Club und breitem Sportangebot (inkl. Bogenschießen und Tauchen). Der Clou jedoch: Anders als am Bardakçı-Strand hat man hier einen ganz langen Sonnenuntergang und aalt sich noch am Strand, wenn andere schon duschen gegangen sind.

Tipp vorweg: Empfehlenswert sind auch Abendausflüge zu den Strandrestaurants von Bitez oder den Fischlokalen in Gümüşlük/Myndos (s. jeweils dort).

06 Lokanta: Cumhuriyet Cad. 115 & 156 (nahe Hotel Alize), Tel. 316 83 83.

In Bodrums Bar-Zentrum war die echte türkische Küche jahrelang kaum noch zu bekommen (Schmorgerichte müssen im Voraus zubereitet werden – und das machte kaum noch jemand). Das 06 Lokanta ließ als erstes Restaurant die Traditionsküche wieder aufleben und verdient dafür besonderes Lob und besondere Empfehlung – auch wenn heute andere diesem Trend folgen.

Dostlar: Eskibanka Sokak 11, von der Kale Cad. abbiegen, Tel. 313 34 35.

Etwas verborgen im Basar öffnet sich eine ›Fressgasse‹, wo sich ein Restaurant ans andere reiht. Man sitzt auf der Gasse an schmalen Bänken: alles sehr urig, vor allem abends, wenn die Saz-Musiker anrücken! Das Dostlar ist das vielleicht hübscheste, auch mit ruhigem Garten (da ist's aber nicht so urig). Die Küche lebt, wie bei allen Lokalen hier, vom Grill, und bei Adana Kebap kann man auch nichts falsch machen.

Escape: Karaada Marina, am Ende des Jachthafens, tgl. ab 19 Uhr, Tel. 313 17 24, teuer.

Schickes Edelrestaurant mit tollem Burgblick in der neuen Edelmarina, derzeit sehr angesagt. Italienische Küche vom Feinsten, manchmal dezente Livemusik. Schon für den Aperitif an der Gartenbar zahlt man soviel wie woanders für ein ganzes Essen.

Hadigari: *off* Cumhuriyet Cad., hinter der Hafen-Moschee, Tel. 313 19 60, teuer!

Wo später am Abend die schöne Szene tanzen geht, kann man vorher recht schick und edel speisen. Italienisierte türkische Küche, auf den Vorbastionen der Burg mit romantischem Ausblick serviert. Das Hadigari ist seit Gründung 1974 einer der Toptipps in Bodrum.

Gemibaşı: Neyzen Tevfik Cad. 176, nahe Heaven Bar, Tel. 316 12 20, Fax 316 8676.

Das ist das ›türkischste‹ Restaurant in Bodrum, beliebt bei den urlaubenden Geschäftsleuten aus Ankara. Auf den Tischen praktisches Papier, auf der Karte die ganze Palette der Mezeler und köstlicher

Edelrestaurant mit Take-away: Hey Yavrum Hey

Fisch, dazu fließt der Rakı in Strömen. Wenn auch nicht billig, ist man hier doch vor falsch verstandenen Regeln der Hotelfachschule und britischen Geschmacksverirrungen einigermaßen sicher.

Han: Kale Cad. 23,
Tel. 316 79 51, tgl. Livemusik ab 21 Uhr, teuer!
Han bedeutet im Türkischen Karawanserei, und tatsächlich ist dieses Lokal im ehemaligen befestigten Handelshof von Bodrum untergebracht. Die historische Atmosphäre wird noch unterstrichen durch die orientalischen Tänze des musikalischen Abendprogramms. Dafür zahlt man selbst für Bodrumer Verhältnisse ordentlich, hat aber auch eine üppige Auswahl (von Pizza bis Beef Stroganoff).

Kocadon: Neyzen Tevfik Cad. 160., tgl. ab 19 Uhr, Tel. 316 37 05, teuer!
Von außen eher unscheinbar, doch das historische Haus kurz vor der Marina ist ein ganz besonderes Kleinod. Nicht nur, dass man sehr gut Fisch essen kann, auch das Ambiente hat die unaufdringliche mediterrane Klasse, von der man im englisch-lauten Bodrum häufiger träumt: Ganz weiß gekleidete Kellner, die kaum merklich um den Gast herumschweben, aber doch stets präsent sind, das alles in einem kleinen Gartenparadies mit einem griechischen Chochlaki-Boden (aus Kieselsteinen) und riesigen Amphoren unter Bananenstauden.

Kortan: Cumhuriyet Cad. 32, Tel. 316 13 00, teuer!
Ungefähr als die Burg gebaut wurde, entstand auch das Lagerhaus, in dem heute das berühmte Kortan, das berühmteste Restaurant Bodrums, seine Antiquitäten ›ausstellt‹. Uralte Bruchsteinmauern und der das Dach tragende Kamara-Bogen sind typisch für die griechische Ägäis-Architektur. Die Gäste von heute speisen allerdings auf der Terrasse mit Superblick zur Burg; die Küche ist international mit Schwergewicht auf Fisch und Meeresfrüchten (kann man sich ruhig einmal gönnen). Für abends unbedingt reservieren!

Sohbet: Cumhuriyet Cad. 99, Tel. 313 24 76.
Sollte mit diesem Lokal eine allgemeine Rückbesinnung auf die traditionelle türkische Küche begon-

nen haben, wäre es gar nicht ausdrücklich genug zu loben. Jedenfalls ist es schon das dritte seit '99, das aus ›alten‹ Töpfen abgeschaut hat. Tandır, Köfte, Tas Kebap, das alles in sehr gemütlichem, recht lockerem Rahmen.

Tandım Restoran: auf dem Gelände der Busstation, gegenüber der Minibus-Sektion.

Ein sehr traditionelles Lokanta, im Klartext: Hier bekommt man Gerichte wie beim türkischen Imbiss zu Hause. Kein Service-Bohai, Brot steht zur Selbstbedienung in Plastikeimern bereit, es gibt köstlichen Ayran, İskender Kebap, mittags auch İzmir Köfte, die man wirklich einmal versuchen sollte. Türkisch muss man nicht unbedingt können – na ja, ein bisschen besser doch. Bier gibt es übrigens nicht (wg. der nahen Moschee).

The Difference: Atatürk Cad, 2424 Sokak, Tel. 316 83 96.

In einem Garten etwas abseits der Long Street (hinter der Schule abbiegen) findet sich ›Hollands Alternative in Bodrum‹. Im Lokal des Holländers Pier kann man ein wenig friesische Heimatverbundenheit ausleben. Berühmt sind seine Nachspeisen nach Rezepten aus dem Windmühlenland.

Uyar Döner Salonu: Cevat Şakir Cad. 13, Tel. 316 85 54.

Ein typischer Döner-Take-away: Hier trifft man uniformierte Schulkinder ebenso wie Bauern beim Stadtausflug oder die Kellner der Nobelrestaurants: Denn nirgendwo in Bodrum gibt es einen besseren Döner Pide.

Vittoria Cafe Pizzeria: Cevat Şakir Cad., PTT Yanı, Tel. 316 57 61.

Ein modernes Stück Türkei: Snacks, Pizza und kleine Gerichte à la ›Orient meets Italia‹. Ziemlich modern und daher sehr beliebt bei der Jugend von Bodrum und dem Rest der urlaubenden Türkei. Von Frühstück bis Hauptgericht, von Milch-Shake bis Cappuccino.

 Adamik Bar: Eski Banka Sok. 23, Çarşı Mah., Tel. 316 27 83, ab 11 Uhr.

Etwas versteckt am Ende der ›Fressgasse‹ im Basarviertel (s. Restaurant Dostlar) gelegen, findet man hier eine ruhige Bar, wo man unter Weinlaub bei westlicher Musik ganz idyllisch plaudern kann. Leider sind auch die Preise sehr ›westlich‹.

Bodrum Mariners Café: am Hafenplatz, ab 9 Uhr bis Mitternacht.

Wer es ruhig, aber zentral haben will und dazu auch noch gucken können möchte, sitzt hier richtig. Die Vereinigung Bodrumer Seeleute betreibt das Open-Air-Café kurz vor der Burg, und zwar tatsächlich ohne dröhnende Musik. Dafür sitzt man inmitten unter türkischen Familien – nicht etwa einheimischen, sondern Urlauber aus Ankara oder Istanbul.

Greenhouse: Cumhuriyet Cad. 13, Tel. 313 09 11, ab 20 Uhr.

Grün ist hier nichts, doch als einer der ältesten und traditionsreichsten Clubs der Stadt muss man es schon erwähnen. Wer dort hingeht, sollte Rock und Brit-Pop mögen – *play it loud* ist das Motto!

Halikarnas Night Club: am Ende der Ostbucht über dem Meer, Tel. 316 80 00, ab 21 Uhr.

Die größte, teuerste und berühmteste Disco von Bodrum. Jeden Abend gibt es erst eine Tanz- und Akrobatik-Show, ab Mitternacht zucken dann die Laser-Blitze über die Open-air-Tanzfläche, und der Slogan verspricht: *Bodrum's hot at Halikarnas…*

Karia Princess Cinema: im Hotel Karia Princess, Tel. 316 62 72.

Ein echter Tipp für Cineasten: zumeist ziemlich aktuelle Streifen in zumeist englischem Originalton.

Kervansaray: Turgut Reis-Cad., am Gümbet-Kreisel,
Tel. 316 25 63, Eintritt: 25 DM; Vorstellungen Mo, Do und Sa.

Die Zentraladresse auf der Bodrum-Halbinsel für ›Türkische Nächte‹ – wer bei einer Agentur bucht, landet meist hier. Es gibt ein Essen mit allein 30 Mezeler vom Büffet, dazu Bauchtanz, Volkstänze und türkische Folklore-Musik ... dann darf das Publikum zum Bauchtanzwettbewerb vortreten.

Küba Bar: Neyzen Tevfik Cad. 62, Tel. 313 44 50.

Weiß-schwarze Designer-Café Bar auf der Segler & Taucher-Seite des Hafens; entsprechend sportiv, jung-dynamisch und gutbetucht ist das Publikum.

Lowry's Irish Pub: Neyzen Tevfik Cad. 82 B.

Sehr echt, sehr britisch, dafür sorgt schon das Schild: *Sponsored by Direct Holidays* (ein englischer Reisegigant). Es gibt Inselbier wie Kilkenny, Harp, Guinness – aber auch dunkles Stout von Efes (aus Adana, Türkei!!) und jede Menge einschlägig bekanntes Hochprozentiges.

M & M: Dr. Alim Bey Cad., 1025 Sok., Tel. 313 14 46, ab 18 Uhr.

Von den Discos auf der ›Longstreet‹ ist diese, 1998 eröffnet, immer noch der Top-Favorit: tolles Soundsystem, große Floors, nach Mitternacht startet ein Party-Dampfer auf's Meer hinaus. Kein Wunder, dass M & M als angesagtester Club gilt.

Palmiye Internet Café: Neyzen Tevfik Cad. 198.

Schon ab 10 geöffnet, 8 Computer, die Stunde für ca. 3 DM, Minimum 30 Min.; bis 12 Uhr morgens gibt es Spezialtarife. Druckservice etc. wird natürlich auch geboten.

Sensi Bar: Cumhuriyet Cad., Tel. 316 68 45, ab 12 Uhr.

Hübsch mediterran gemachte Bar mit Antik-Outfit und Weinlaubge-

Berühmteste Disco der Türkei: das Halikarnas

ranke am Ende der Long Street in der Strandzone. Später am Abend kann man sich beim Karaoke testen und dazu vielversprechende Cocktails wie Red Bull mit Wodka oder die ominöse ›Gold Fish Bowle‹ süffeln.

Sokak Bar: Dr. Alim Bey Cad., Tel. 316 04 85, ab 20 Uhr.
Am Anfang der Long Street-Meile, dort, wo die Welt am lautesten ist. Es gibt Leute, die sagen, das Sokak würde sie an eine Bar aus den Star Wars-Filmen erinnern. Aber keine Angst, vor der Zeit sind sie dort auch nicht. Doch die Musik ist zumindest taufrisch.

 Beymen: Dr. Alim Bay Cad. 8. Vertretung des berühmtesten türkischen Modeschöpfers aus Istanbul, ein Mix italienischer und orientalischer Einflüsse.

Cotton Club: Kale Cad. 38.
Der wohl bestsortierte Laden mit Casual Wear-Mode, zwar auch nicht unbedingt echt, doch akzeptable Qualität, gute Preise.

Music Store (Kasetçi & Kasetçi): Cumhuriyet Cad. 56.
Sehr gut sortiert, sowohl aktuelle West-Titel als auch türkische Musik (vom traditionellen Transvestiten-Star Zeki Müren bis zum ›Deutschling‹ Tarkan ist alles vertreten). Man wird gut beraten (in Englisch) und kann auch mal reinhören.

Elif Glass: im Hof der Burg. Lustige Figürchen und buntes Gebrauchsglas, direkt vor den Augen der Kundschaft hergestellt.

Sur Sandalet: Cumhuriyet Cad. 66. Ledersandalen eleganter italienischer Art, handgearbeitet wie vor Jahrzehnten. Wer Zeit hat, kann auch eine Maßanfertigung bekommen.

Derin Diveshop: Atatürk Cad. 51, nahe der modernen Moschee.

Alles, was der Taucher an Equipment braucht, Top-Marken zu Tax-free-Preisen (O'Neill, Cressisub, Uwatec etc.), von der Schnorchelbrille bis zum Komplettanzug mit Harpune.

Orhan's Place Carpet & Kilims: Neyzen Tevfik Cad. 42.
Wenn man Interesse hat, einen Teppich zu kaufen, ist man dort gut aufgehoben. Große Auswahl, eine richtige Ali Baba-Höhle, nette, kompetente Beratung.

Bus & Dolmuş: Von der zentralen Busstation fährt mind. stündlich ein Fernbus Richtung Milas und in die anderen Westküstenstädte. Die Dörfer und Badeorte der Umgebung erreicht man per Dolmuş, Gümbet z. B. alle 15 Min., Turgutreis alle 20/30 Min. Diese Kleinbusse fahren bis in die Nacht (24 Uhr) hinein.

Taxi: Zahlreiche Standplätze, z. B.: Mausoleum Taksi, Tel. 316 33 23 (Bodrum-West); Manastir Taksi, Tel. 316 21 14 (Bodrum-Ost).

Fähren: Die Bodrum Ferryboat Association fährt mit Kleinfähren nach **Datça** (via Körmen İskelesi, ab dort weiter per Bus, ein Ticket) Mo, Mi, Fr 15 Uhr ab Bodrum Hafen retour jeweils 17 Uhr). Nach **Didim/Altinkum** Di, Do, Fr, Sa 17 Uhr ab Torba-Hafen, retour jeweils um 9 Uhr am nächsten Morgen. Auf diesen Fähren steht auch Platz für ca. 15 Pkw zur Verfügung; Pers. einfach: 6 DM; Pkw: 50 DM.
Bodrum Ferryboat Association, am Hafen neben dem Zollbüro, Tel. 316 08 82, Fax 313 02 05.

Hydrofoils: Diese schnellen Tragflügelboote von Bodrum Eypress Lines sind bequemer, aber auch teurer. Angeboten werden v. a. Ausflüge, z. B. nach Kos (15 Min.; 50 DM), Rhodos (130 Min., 90

DM), Marmaris (via Gelibolu, ca. 100 Min., 60 DM), Dalyan (via Gelibolu, 150 Min., 90 DM).

Bodrum Express Lines, am Hafen, Tel. 316 40 67, Fax 313 00 77.

Leihwagen

Botur: Cevat Şakir Cad. 24B, Tel. 313 19 22, Fax 316 82 08, E-Mail: botur@usa.net

Zentral gelegener Veranstalter und Autovermieter, zuverlässig und freundlich.

Krizalit Tour & Flash Motor: Cevat Şakir Cad. 28, Tel. 316 96 36, Fax 316 96 37.

Touren (vom nahen Myndos bis hin nach Pamukkale) und Mopeds verschiedener Größen; die 250er Enduro aber recht teuer für ca. 130 DM/Tag.

Bodrum-Halbinsel von A bis Z

Unter dem Schlagwort Bodrum vermarkten die Kataloge heute eine ganze Reihe von kleinen oder größeren Ferienorten, die an den Küsten der Halbinsel nach Westen bzw. an den Küsten weiter östlich liegen. Diese Orte mögen beschaulich wie Yalıkavak, pittoresk wie Turgutreis, idyllisch wie Bitez oder geradezu ländlich wie Gündoğan sein – das Flair von Bodrum bieten sie lange nicht. Einzig Gümbet ist eine spezielle Ausnahme: das ist heute einer der heißesten Party-Spots der Dance-Floor-Szene am Mittelmeer.

Akyarlar (B5)

Nun gut, zugegeben, man muss erst eine ganze Weile durch kilometerweite Apartmentsiedlungen fahren, um nach Akyarlar, 8 km südlich von Turgutreis, zu kommen. Aber doch zählen die Akyarlar-Bucht (auch Akçabük) und der nebenan gelegene Karaincir-Strand zu den schönsten Ecken der Bodrum-Region. Akyarlar war früher eine kleine Hafensiedlung der Inselgriechen von Kos, das nur 5 km entfernt ist. Einige hübsche Bruchsteinhäuser erinnern noch

Traumbucht der Bodrum-Halbinsel: der Strand von Akyarlar

daran. Heute sind die beiden Buchten fest in touristischer Hand, allerdings sind es hier nicht Engländer oder Deutsche, sondern die Bessergestellten aus İzmir oder Ankara, die hier in dicken BMW vorfahren. Das gibt der Ecke ein sehr ungewöhnliches Flair: Die Art, neueste Bademode, Speckröllchen und die verkorkste Kindererziehung zur öffentlichen Geltung zu bringen, unterscheidet sich kaum noch vom europäischen Wesen.

 Meteor-Plaj: 2 km Richtung Turgutreis. Ein schöner Strand an der Spitze der Bodrum-Halbinsel: flache Sandküste mit einer Reihe hoch gewachsener Palmen. Er wurde von einem Motel privatisiert, ist aber doch für Laufpublikum geöffnet. Allein ist man zwar nicht, dafür gibt es gute türkische Küche, denn meist sind hier Türken zu Gast (Motel Meteor, Tel. 393 60 89, Fax 382 46 01, moderat).

 Club Manço: Karaincir Mevkii, Tel. 393 81 67, Fax 393 81 82, teuer.
Mein persönliches Traumhotel der Bodrum-Halbinsel, wenn man es ruhig und idyllisch haben möchte. Etwas zurückversetzt am Strand eine Anlage mit zweistöckigen Häusern (Zimmer, Studios, Apartments), die alle ganz unterschiedlich in fantasievollem Materialmix gehalten sind, der auch in den geschmackvollen Zimmern zu finden ist. Am großen Pool geben hohe Bäume ausreichend Schatten, das Buffet ist ausnahmslos echt türkisch, denn zumeist sind Türken die Gäste des Hauses.

Akyarlar Motel Restoran: Akyaralar Plaj, Tel. 393 62 22, Fax 393 62 23, günstig.
Eine einfache Strandidylle wie aus den Kindertagen des Tourismus – eine Topadresse für den Anti-Cluburlaub. Am Strand ein großes zugewuchertes Restaurant unter

Künstliche Paradiese im Sea Garden

Das Hotel Sea Garden, 20 km östlich von Bodrum, gilt als das Vorzeigeprojekt des türkischen Tourismus – und hat doch mit Bodrum so wenig zu tun wie ein Center Park mit dem wirklichen Leben. Die Anlage an einem einsamen Küstenabschnitt mit drei Buchten versammelt auf 19 ha alles, was nötig ist, um keine Langeweile aufkommen zu lassen: 3 Pools, 5 Tennisplätze, Tauchzentrum, Minigolf, Segelzentrum, MTB-Verleih, dazu ein Beauty & Health Centre mit Sauna, Hamam und Massage. Natürlich gibt es auch einen Mini-Club für Kinder, Nightclub-Shows und als Clou eine ›Mini-Bodrum-Ecke‹ – raus aus der Anlage soll ja keiner müssen. Man mag sich dort gut erholen können, die Türkei ist aber woanders. Yalıçiftlik, Tel. 368 90 10, Fax 368 90 48, Luxus.

mächtigen Tamarisken, dahinter einfache, aber saubere Zimmer mit Du/WC für spottgünstige 20 DM (für 2 Pers.!). Der Sandstrand ist zwar nicht gerade leer, doch vielleicht findet man ja so türkische Gesprächspartner (englisch können die meisten Urlauber).

Kardeşler: Karaincir Plaj, eine Bucht hinter Akyarlar.
Tel. 393 60 34, Fax 393 08 75, günstig.

Der Karaincir Beach hat zwar den Nachteil, das er völlig mit Strandrestaurants zugebaut ist, zählt aber zu den schönsten hier. Eine typische Anlage ist das Kardeşler: Vorn im Strandrestaurant, das sehr typische und leckere türkische Küche bietet, herrscht die Stimmung wie in den Ostseebädern in den 30er Jahren; nach hinten liegt ein Motel mit einfachen Zimmern, wo man sich für einen Urlaub unter Türken einbuchen kann.

Mehtap: unterhalb der Moschee, Tel. 393 61 48.
Wegen des oft gerühmten Mehtap (was sich Mechtap spricht) lohnt Akyarlar auch einen abendlichen Ausflug. Es gibt Fischspezialitäten für eine vornehmlich türkische Urlauberschar (und das kann nicht schlecht sein), z. B. *ahtapot güveç* (Octopus Stew), aber auch leckere Krabben und *çipura* vom Grill. Wenn's voll ist, kann man ebenso gut ins Sofra Balıkçı nebenan gehen, das für die Gäste aus Ankara z. B. auch Inegöl Köfte bietet.

Dolmuş: Bis Akyarlar/Akçabük fahren ab Turgutreis etwa stündlich Kleinbusse an der Küste entlang; sie stoppen auf Handzeichen, man zahlt an Bord.

Bootstouren: Bal Mahmut fährt tgl. zu Badebuchten auf den vorgelagerten Inseln (Abfahrt 11 Uhr ab Akyarlar/Akçabük, retour 18 Uhr). Es gibt auch *Moonlight Trips* mit Barbecue am Lagerfeuer!

Bitez (B5)

Bitez ist deutlich zweigeteilt: in das alte Dorf im Inland und die neue Strandsiedlung unten am Meer. Letztere war bis vor einigen Jahren noch ein Geheimtipp bei Bodrum-Urlaubern, die hier mit Booten zum Beachen kamen. Jetzt sind etliche größere und viele kleine Hotels gebaut worden, darunter die Großanlagen Makumba am östlichen und Bitez Han am westlichen Strandende. Aber noch hat Bitez nicht den Weg von Gümbet eingeschlagen, im Gegenteil, hier geht es im Vergleich noch überaus beschaulich und ruhig zu. Da es kein aufregendes Nachtleben gibt und auch die Windverhältnisse höchstens für Surf-Anfänger geeignet sind, empfiehlt sich Bitez am ehesten für Familien: Für Kinder ist der flache, fast wellenlose Strand ein Paradies.

Red Point Windsurfing: vor Hotel Bitez Han. Großes Wassersportzentrum, das gute Bretter und verschiedene Kurse bietet, aber auch Banana Riding. Anfängerkurse auch beim Wassersportzentrum des UK-Sportveranstalters Neilson beim Hotel Yalı Han.

Bitez-Dorf: Bodrum und die schönen Plätze der Bodrum-Halbinsel muss man besuchen, aber auch eine Wanderung hinauf ins ›Mutterdorf‹ Bitez lohnt sich. Hier spürt man den neuen Reich-

Bodrum-Halbinsel

tum (die Gassen sind nun gepflastert wie deutsche Fußgängerzonen), doch die Menschen und ihr Leben haben sich kaum verändert. Die beste Zeit ist morgens um 9 oder abends um 17 Uhr, denn von 12–16 Uhr ist Siesta und alles wie ausgestorben.

 Basri Apartments: Gümbet Yolu, Tel. 363 78 39, Fax 363 78 06, moderat.
Einfache, aber sehr angenehme und geräumige Apartments in einer überschaubaren Anlage mit Pool und kleinem Restaurant; schöner Garten.
Halıkarya: Bitez Plajı, Tel. 363 78 56, Fax 363 74 13, e-Mail: halikarya@usa.net, moderat/teuer.
Strandhotel im typisch mediterranen Stil mit schlicht eingerichteten, angenehmen Zimmern, mit Pool, Beach Bar und Restaurant.

 Diver: Bitez Plajı, links neben der Moschee.
Seit der Eröffnung 1991 ziemlich gerühmtes Restaurant direkt am Strand, dessen Flair vor allem darin bestand, dass man hier wunderbar romantisch an Tischen auf dem Strand tafeln konnte. Seit dem Bau der gepflasterten Strandpromenade geht das nicht mehr, aber das Diver bietet weiterhin internationale Küche in großer Auswahl mit gutem Service.
Okaliptüs: Restaurant des gleichnamigen Hotels am Strand, hinter der Brücke.
Überschattet wird das Lokal von einem riesigen Eukalyptusbaum, um dessen Stamm ein großes ›Gruppenkuschelsofa‹ gebaut ist – sehr gemütlich! Es gibt einen guten Oktopussalat und viele Fischspezialitäten, aber auch Snacks wie Hamburger.

Yunus Baba'nın Yeri: Bitez Plajı, kurz vor der Brücke.
Der Großvater hatte hier schon seit den touristischen Anfängen ein Lokal, der Sohn wuchs in der Schweiz auf und spricht ganz gut Deutsch. Die Küche ist bodenständig und ordentlich, der Service dazu noch sehr nett.

Şahan Turkish Delight Factory: gegenüber der Strand-Moschee. Große Auswahl von *Lokum* (Turkish Delight, ›Türkischer Honig‹) aus traditioneller Fertigung.

Rakıcı: Gümbet Yolu, neben Basri. Ein Olivenbaumhain, wie sie früher bis hinunter ans Meer reichten, darin eine typische türkische Rakı-Kneipe, die bei der Nobelklientel aus Bodrum sehr beliebt ist. Man sitzt wunderbar lauschig im Zikadenkonzert, trinkt Rakı (Vorsicht!), dazu gibt's sehr gute Mezeler.

Dolmuş: vom Zentralplatz bei der Strandmoschee alle 30–60 Min. ein Bus über Gümbet nach Bodrum.
Bootstouren: B.B.C. (Bitez Boat Co-Operative) bietet drei Touren zu den verschiedenen Buchten der vorgelagerten Inseln, z. B. zum Aquarium, zum Meteor Hole oder zur heißen Quelle auf Kara-Ada (Abfahrt 10.30 gegenüber Mobydick Hotel, retour 18 Uhr).

Göltürkbükü (B4)

Die Weiler Gölköy und Türkbükü haben sich jetzt zusammengeschlossen und bilden zunehmend eine geschlossene Urbanisation aus Ferienhäusern. Vor allem Gölköy, umgeben von großen Oliven-

Beim ›Delfin Vater‹ Yunus Baba in Bitez isst man mit schöner Aussicht auf Strand und Meer

baumhainen, macht noch einen sehr ländlichen Eindruck. Allerdings hat das Dorfzentrum mit Hafenanleger jetzt auch eine hübsche Bummelmeile erhalten, wo türkische Bikinimädchen aus Istanbul türkische Kopftuchfrauen vom Dorf bestaunen.

Interessanter als Ausflugsziel ist aber noch Türkbükü, eine Bucht weiter. Das macht den Eindruck, als bliebe die High Society dort unter sich, und im Hafen liegen auch keine schweren Ausflugsboote, sondern nur private Jachten.

 Mandalya: Gölköy Plaj, Tel. 357 70 17, Fax 357 00 42, moderat.
Einfache Zimmer direkt am Strand und ein Strandrestaurant mit Seeblick. Im Hof kann man auch campen. Hier hat man (außer in den türkischen Ferien) seine Ruhe, und selbst am Strand ist selten etwas anderes zu hören als Wellenschlagen.

Alinda: Türkbükü Plaj, Tel. 377 55 09, Fax 377 58 92, Luxus.
Eine kleine edle weiß-blaue Anlage direkt am Strand, wo man das Understatement pflegt und gutes Benehmen noch eine Rolle spielt. Der Geschäftsführer arbeitete lange bei Steigenberger, Frankfurt, und spricht perfekt deutsch, ansonsten sind eher türkische Gäste vertreten. Es gibt einen Pool und schöne Badeplattformen am Meer.

 Özlem: Türkbükü Plaj, Tel. 377 52 34.
Das traditionsreichste Fischlokal hier, das schon seit Jahren immer wieder gerühmt wird. Ein Ausflug dorthin lohnt schon wegen der vielen Memorabilienbilder zu Ehren des Staatsgründers Atatürk, mit denen der gesamte Gastraum, ein einfacher Holzbau, gepflastert ist. In der Küche geht es ebenfalls hundertprozentig türkisch zu – für eine stilechte Rakı-Nacht ist man hier genau an der richtigen Adresse.

Gümbet (B5)

Stadtplan: Rückseite Extra-Karte

Man denke sich Ballermann 6 in der Türkei mit ganz vielen Briten: So ähnlich ist Gümbet. Noch vor 30 Jahren ging man zu Fuß von Bodrum hierher, um Strandeinsamkeit zu genießen – heute ist Bodrum von Gümbet längst überflügelt worden, was Party, Urlaub, Sun 'n Fun angeht. Den Trend haben vor allem die Leute von der Insel erkannt; das deutsche Party-Publikum, das Mallorca für den Nabel der Welt hält, fehlt noch. Und die deutschen Großanlagen Richtung Bitez scheinen ihre Gäste nicht rauszulassen in das ›Sündenbabel‹.

Gümbet Beach: Gilt als Hauptstrand, auch für Bodrum. Sehr flach abfallend, kaum Wellen, viele Liegestühle. Wenn's zu voll ist, kann man mit Ausflugsbooten zu ruhigeren Buchten und vorgelagerten Inseln fahren (z. B. Kara-Ada, s. S. 32)

Z Bar 13: Am Strand gegenüber vom Serhan Hotel. Dies ist das Zentrum des Wassersports, hier gibt's die interessantesten Jungs zu sehen. Surfbretter, vor allem aber Jetskis und Paragliding.

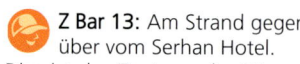

Alkan Aparts: Adnan Menderes Cad. 1, Tel. 316 22 24, moderat. Absolut zentral (und hyperlaut) gelegene Anlage für das Party-Publikum (meist aus UK und Holland – deutsche Pauschalanbieter trauen sich wohl nicht!). Der Service scheint tagsüber genauso viel Schlaf zu brauchen wie die Gäste – dafür ist der Ton locker (›help yourself‹) – und es gibt jede Menge hübsche girls an' boys.

Mels: Gümbet Mah. Ethem Kaptan Sokak No. 4, Tel. 313 00 62, Fax 316 29 20, moderat. Etwas abseits gelegen, der Strand vor der Anlage ist daher etwas schmaler, aber schön ruhig und direkt am Meer. Die Zimmer sind angenehm mediterran (ohne Teppich, die verdrecken so schnell), und im Restaurant mit Meerblick kann man schön die Tage verfliegen lassen. Recht beliebt bei Holländern und Familien, die hippe UK-Szene ist meilenweit entfernt.

Sami: direkt am Hauptstrand, Tel. 316 10 48, Fax 316 28 38, moderat/teuer, auch Apartments. Das erste Großhotel in Gümbet, dort gebaut, wo der Strand am schönsten war… Heute zwar voll, aber sehr gepflegt, bestes Wassersportangebot, großzügiger Palmengarten, viele Partys, viele Kontakte, z. B. bei den Bingo Nights.

Magnific: Adnan Menderes Cad., Tel. 316 13 70, Fax 316 22 72, e-Mail: www.magnific.com.tr, moderat/teuer. Eigentlich eine sehr schöne Anlage mit lauter Pluspunkten. Gute Lage, gute Ausstattung, guter Pool, schöne Zimmer, sogar in der Disco ist was los… Leider bloß total in den Händen von Thomson, UK: Wenn nicht ein Deutscher individuell bucht, bleiben Engländer und Schotten unter sich.

Paloma Apart: Eski Çeşme Mah. Albay Kemal Topal Cad., Tel. und Fax 316 31 38, teuer. Schöne Anlage mit 70 Apartments im weiß-blauen Griechenstil, großer Pool, Bar, Restaurant. Ruhig gelegen, aber doch nah zum Zentrum. Die Apartments jeweils mit Wohnraum, Schlafraum und Miniküche. Reservierung ist ab Juni notwendig.

Amigos: Osman Nuribegin Cad., an der Küstenstraße Richtung Bodrum.

Ein guter Mexikaner im typischen Ranchero-Stil. Hübsch dekoriert, es gibt Nachos, Tortillas und Enchiladas.

Windmill: Ayaz Cad., Ecke Gara Hasan Cad.

Die noch voll bespannte Windmühle auf dem höchsten Punkt des Gümbet-Hügels ist – vor allem nachts, wenn sie bis zur höchsten Flügelspitze illuminiert ist – unübersehbar und daher ein guter Meeting Point. Küche mit guter Auswahl, aber doch ziemlich britisch.

Dikmen's: Ayaz Cad., gegenüber Hotel Sami.

Ziemlich auffällig, man muss nur nach der großen Krokodilfigur des angeschlossenen Crocodile Cafe suchen. Die Karte gibt sich vielseitig: *British, Mexican, Turkish, Indian, Italian* – das will man alles können. Immerhin gibt's Wein und Knoblauchbrot umsonst. Lohnend vielleicht auch das *Sunday Special Lunch* (mittags) mit Roast Beef und Yorkshire Pudding…

Garden Restaurant: Mister Hadi Cad., Straße vom Park'im Palas Richtung Bodrum.

Dieses im Jahr 1972 eröffnete Restaurant (vom Hotel Bağevleri) war das erste Strandrestaurant in Gümbet. Heute ein sehr schöner Garten, zwar mit englischer Küche, aber es gibt auch Spaghettigerichte, türkische Klassiker und eine große Dessertkarte.

 Big Apple: Adnan Menderes Cad. 9, etwas unterhalb von Alkan Aparts.

Der zweite Top-Club von Gümbet, dessen Beats noch im Umkreis von 100 m für das gewisse Swinging sorgen. Man spielt sämtliche einschlägigen Disco-Hits seit ›Ma' Baker‹, und rot verbrannte Minirockmädchen tanzen dazu.

Talk of the Town: Adnan Menderes Cad. neben Big Apple.

Berühmte britische Travestie-Show, zwar nicht das Original, aber auch nicht schlimmer.

X-Bar: Bar Street, unterhalb vom Mystery.

Eine der vielen Dancing Bars hier. Man verspricht ›No Hassle‹, keinen Nepp, und offeriert ›1 Wodka Shot free‹: Das bedeutet, dass man beim Eintritt ein Schnapsglas mit Wodka runterstürzen muss. Da es so etwas fast überall gibt, sollte man nicht allzu oft die Kneipe wechseln…

Busse: Etwa alle 15 Min. fährt ein Minibus nach Bodrum, an der Ayaz Cad. kann man die Busse per Handzeichen überall anhalten.

Mystery Disco

Solange die UK Garage-Szene nicht nach Gümbet kommt, dürfte das die No.1 bleiben. Wie heiß es hier nachts wird, lassen die sechs gigantischen Gebläse unter der Decke erahnen. Wenn die Girls zu laut (!?!) auf den Barhockern tanzen, macht die Polizei den Laden immer mal für ein paar Tage dicht. Gegenüber von Alkan Aparts, tgl. ab 19 Uhr, wenn nicht polizeilich geschlossen.

Gümüşlük/Myndos (B4)

Der Hafen von Gümüşlük zählt zu den schönsten Ausflugszielen bei Bodrum. Wo vor 2400 Jahren die Schiffe der antiken Stadt Myndos ankerten, dümpeln heute Jachten und Fischerboote; das Hafenrund säumen Fischtavernen, und wer sich etwas bewegen will, kann durch kniehohes Wasser zu der winzigen vorgelagerten ›Haseninsel‹ waten. Glücklicherweise durften bislang keine modernen Hotels gebaut werden, offiziell, um die antiken Baudenkmäler zu schützen, eigentlich aber, um den Militärs der nahen Kaserne Richtung Yalıkavak nicht zu nahe zu rücken. Sichtbare Reste aus der Antike gibt es kaum: spärliche Fundamente auf der Haseninsel, Mauern von Wohnhäusern nördlich der Bucht. Einige einfache Unterkünfte gibt es auch, doch muss man abends mit zahlreichen Ausflüglern aus den Apartmentsiedlungen bei Kadıkalesi und Yalıkavak rechnen.

Gümüşlük: zentral unterhalb vom Parkplatz, Tel. 394 30 45, Mob. 0532-326 65 15, moderat.
Das traditionsreichste Haus am Platz; hauptsächlich betreibt man eine Fischtaverne, vermietet aber auch einfache Zimmer, z. B. an die, die zu viel Rakı zur Fischplatte trinken und hier hängen bleiben.

Mimoza: am rechten Strandende, Tel. 394 31 39. Eine Strandidylle wie aus dem Lifestyle-Magazin: Blüten schwimmen in gläsernen Eiswasserwannen, geschmackvolle Deckchen und Tellerchen wie von Habitat: ohne Zweifel die schönste Strandtaverne der Türkei, und auch auf die Küchenkreationen verwendet man viel Sorgfalt. Mitunter macht ein holländischer, Deutsch sprechender Globetrotter den Service, mitunter speist man neben dem obersten Militär der Halbinsel, der die nahe Kaserne befehligt.

Fenerci: die letzte Strandtaverne vor der Furt zur ›Haseninsel‹. Der Service und die Küche mit Fischspezialitäten sind letztlich wie überall hier; dafür sitzt man sehr romantisch auf dem Strand und hat einen schönen Blick über das von Tischen gesäumte Hafenrund (s. Foto S. 17).

Busse: mind. stündlich ein Minibus von Turgutreis, seltener von Yalıkavak. Mit eigenem Auto parkt man am besten auf dem gebührenpflichtigen Parkplatz im Ort.

Gündoğan (B4)

Neidisch hat Gündoğan auf Yalıkavak geschielt und auch von solchem Bauboom geträumt – und daher im Vorgriff so breite Straßen gebaut, als erwarte man stündlich einen Verkehr wie in İzmir. Auch dieses Dorf breitet sich nun in seine fruchtbaren Ländereien aus, rodet Gärten und Zitrusbäume, um Apartmenthäuser zu bauen. In den Hainen stehen aber noch die Esel und Kühe, und auch Hähne gibt es noch reichlich, die jegliches Langschläfertum im Keim ersticken.

Neilson Segelschule: Wassersportstation eines englischen Sportveranstalters an der westlichen Buchthälfte. Gutes Equipment, Kurse für Windsurfing, aber auch für richtiges Dinghi-Segeln.

Villa Lale: Westseite des Strandes beim Hotel Gündoğan, Tel./Fax 387 71 10, günstig.

Eine kleine, hübsche Pension bei der Brücke, ganz mit Bougainvillea bewachsen. Eher einfach, aber gepflegt, auch sehr romantisch. Die Wirtin spricht französisch, weil sie lange in Frankreich lebte. (Sie erzählt gern, da kann man gut seine Sprachkenntnisse auffrischen.) Kein Pool, aber nur 5 m zum Meer.

Mandalin: direkt am Hafenanleger. Mit wunderbarem Meerblick sitzt man unter großen Eukalyptusbäumen und genießt laue Sommernächte. Vornehmlich gibt es Fischspezialitäten, für den Nachschub sorgen die Fischer aus dem Dorf.

Güvercinlik (C4)

Dies ist ein kleiner, ruhiger, doch lebendiger Küstenweiler an der Hauptstraße von Bodrum nach Milas, der von etlichen Großanlagen umlagert wird. Wie in Torba ist der große Nachteil, dass ein Strand so gut wie fehlt und man zumeist mit Badeplattformen (oder dem Pool) vorlieb nehmen muss. Dafür kann man das Dorfzentrum, wo montags ein kleiner Wochenmarkt stattfindet, relativ rasch auch zu Fuß erreichen. Für Individualtouristen jedoch gibt es bessere und schönere Ziele.

Kadıkalesi (B5)

Am langen Sandstrand von Kadıkalesi ›Richterburg‹, 6 km nördlich von Turgutreis, verlaufen sich noch die Badegäste. Der Strand ist nicht einer der schönsten, aber man findet einfache Lokanta, kleine Hotels und zunehmend mehr Apartmentanlagen rund um die Luxusanlage des Club Kadikale.

 Blue Bodrum: Kadıkalesi Mevkii, Tel. 382 20 17,

Wenn der Wind ordentlich bläst, freut sich der Könner: Neilson-Segelschule in Gündoğan

Fax 382 49 82, moderat (mit Halbpension).

Verwinkelte, architektonisch sehr ansprechende Mittelklasseanlage, wo rot blühende Bougainvillea und Bruchsteinelemente die Akzente setzen. Die Zimmer sind einfach ausgestattet, aber angenehm mediterran und auch ohne Klimaanlage kühl, denn manche Mauern sind über einen Meter dick. Pool, 50 Zimmer, 4 Suiten.

Kargı / Camel Beach (B5)

Wie lange der schönste Sandstrand der Bodrum-Halbinsel noch so naturbelassen wie jetzt bleiben kann, weiß niemand. Aber noch steht hier kein Großhotel, und die meisten Besucher kommen mit Ausflugsbooten für einen Badestopp von zwei oder drei Stunden. Dann kann man auf den Kamelen, die hier ihr Gnadenbrot verdienen, eine (winzig-kleine) Runde reiten, auch Wassersport wird angeboten.

Marin: Kargı Plaj, Zufahrt Sunset Restaurant, Tel. 348 32 34, günstig.
Die einfache Strandtaverne (eine von dreien hier) vermietet auch einige Zimmer. Das hat zwar nur Jugendherbergsniveau, dafür ist man abends am Strand fast für sich allein.

Ortakent / Yahşı Yalısı (B4)

Ortakent war einst das größte Binnendorf der Bodrum-Halbinsel – heute ist es von ehemaligen Weilern wie Turgutreis und Yalıkavak zwar längst überflügelt, aber noch immer ein relativ belebtes, traditionelles Dorf ohne Touristen. Zur Küste hin kommt man an bäuerlichen Gehöften vorbei zum Ortakent Beach und zum schöneren Yahşı Beach. Dort ist inzwischen auch eine gepflasterte Promenade angelegt worden, erste Bars und eine Wassersportstation haben geöffnet. Trotz etlicher Hotelbauten von einfach bis Luxus immer noch als Badeausflugsziel empfehlenswert.

Dedeman Aquapark in Ortakent s. S. 30. **Wassersportstation** (Wasserski, Tretboote, Banana Riding Bootsausflüge) am **Yahşı Beach** vor dem Petunya Hotel.

Açelya Motel: Yahşı Beach, Tel. 348 30 90, Fax 348 30 76, moderat.
Eine eigentlich sehr hübsche Anlage direkt am Strand mit gepflegtem Pool und Restaurant. Die Zimmer jedoch einfach, aber zumeist geräumig. Die Gäste sind meist türkische Familien, die die Vorteile des sandigen, kinderfreundlichen Strandes genießen.

Köçem: Eine Strandtaverne wie aus dem Bilderbuch ganz am östlichen Ende Yahşı Beach. Hier hockten schon die Fischer, als noch kein Badegast kam, und auch heute noch gehen die Dörfler hier gern hin. Hausmannskost, Fischspezialitäten.
Zeferya Balık Restaurant: am Westende des Yahşı Beach nahe dem Luxushotel Grand Levent.
Sehr gepflegtes Fischlokal, wo man in einer ganz und gar zugewachsenen Laube sitzt. Relativ teuer, aber gut.

Night Club Bar: nahe Hotel Grand Levent. Hübscher Etikettenschwindel: in Wirklichkeit ein umgebautes Gartenlokal, und das *Special,* der Cocktail Viagra, tut auch nicht, was er verspricht.

 **Busse:** Dolmuş-Busse 5 x tgl. nach Ortakent und Bodrum ab Hotel Grand Levent.

Torba (C4)

Torba gibt es eigentlich gar nicht, und wenn doch, dann mindestens dreimal: Früher hieß so eine kleine Hafensiedlung mit einer Hand voll Häuser. Dann wurden am schmalen Strand der Bucht einige Großanlagen gebaut, so dass eine kleine Ferienstadt entstand – und zum Schluss wurden dann auch die neuen Ferienclubs, die in den 1990er Jahren 5 km entfernt unterhalb der Bodrum-Milas-Fernstraße entstanden, unter diesem Label vermarktet. Das zweite Torba, rund um den von italienischen Veranstaltern belegten Club Viale, ist ein ruhiges, erholsames Örtchen mit kleinem Hafen, einigen Bars und einer sehr relaxten Atmosphäre: Für eine ›Zweierkiste‹ prachtvoll geeignet.

Der beste Strandabschnitt liegt vor dem **Viale Club,** an anderen Stellen gibt es befestigte Plateaus aus aufgeschüttetem Sand. So ähnlich sieht es auch in den Großanlagen beim Club Onura an der Fernstraße aus.

Cohiba Beach Bar: an der linken Buchtseite. Der Jugendtreff; Wassersport (mit Jet-Skis und Wassertrampolin im Meer) sowie Disco Bar.

Wer in den Clubanlagen gebucht hat, kann die Torba-Bucht nur mit Umweg über die Fernstraße erreichen. Besser fährt

Immer schön locker durch die Crazy Tube – der Dedeman Aquapark beim Binnendorf Ortakent bietet Badespaß pur

man dann gleich nach Bodrum, wenn man was erleben will.

Torba Han: Sahil Yolu 36, Tel. 367 10 73, Fax 367 10 75, teuer.

Eine schöne, durchaus luxuriöse Anlage, die jedoch überschaubarer ist als die Großanlagen weit außerhalb an der Durchgangsstraße. Der Han (was im türkischen eine Art Karavanserei meint) liegt direkt an der Bucht vor einem schmalen Sandstrand, rundum gibt es einige Bars. Optisch sind der große Pool und die weißen Kubenhäuschen sehr ansprechend.

Kervan: Tel. 367 10 79, Fax 367 10 80, moderat.

Einfaches Mittelklassehotel mitten im Neubauviertel über dem Hafen; freundliche, lockere Atmosphäre (viel Berliner Publikum), mit Pool und Bar-Restaurant.

Yakamoz: an der Hauptbucht hinter dem Viale Club. Fischrestaurant mit international bereiteten Fischspezialitäten zu recht hohen Preisen. Das beste unter der Hand voll Tavernen an der Bucht.

Turgutreis (B5)

Einwohner: 5000

Bei der Anfahrt macht die nach Bodrum zweitgrößte Stadt der Halbinsel einen überaus idyllischen Eindruck: Eine von Hügeln eingefasste Ebene mit Ölbäumen und Zypressen wie in der Toscana; in der Ferne scheinen die Hügel sich fortzusetzen, wobei es sich tatsächlich um die griechischen Inseln Kos, Pserimos und Kalymnos handelt, die das Meer wie einen

See wirken lassen. Doch dann erkennt man schnell, auch Turgutreis ist enorm gewachsen durch den Tourismus und die damit verbundene Modernisierung. Heute läuft sie Bodrum fast den Rang ab als Einkaufsstadt: großzügige Straßen, neue Schulen, neue Moscheen, viel Handwerk, und natürlich dürfen auch die beiden großen Supermärkte Migros und Gima nicht fehlen. Im Kern, am Strand und in der zur Souvenirmeile umfunktionierten Fischerdorf-Altstadt ist es aber immer noch sehr angenehm. Benannt ist der Ort übrigens nach einem osmanischen Admiral des 16. Jh., der für den Sultan die algerische Barbaresken-Küste beherrschte und in Europa unter dem Namen Dragut bekannt wurde.

Der Ortsstrand im Norden ist schön sandig, aber etwas voll. Der schönste Strand der näheren Umgebung ist **Akyarlar** (s. S. 39), das man leicht mit Vespa oder Dolmuş erreicht.

Ausflüge: Neben den überregionalen Touren (Ephesos etc.) bieten die Reisebüros Touren nach Milas (s. S. 79), ›Türkische Abende‹ mit Bauchtanz oder Ausflüge in traditionelle Dörfer an.

Bootstouren: Schiffe der Bootskorporative starten gegen 11 Uhr entweder Richtung Süden nach Akyarlar und Bağla oder Richtung Norden zu den vorgelagerten Inseln (Çatal Adası, Kiremit Adası) und nach Gümüşlük. Rückkehr stets 18 Uhr.

Prospekte im Info-Büro im Bau der großen Moschee (Ulu Cami).

Medblue: Plaji Cad. 13B, Tel. 382 53 57, Mail: Medblue

@superonline.com, Geldwechsel, Ausflüge, Leihwagen

 Kortan: Atatürk Meydanı, Tel. 382 29 32, Fax 382 47 97, moderat.
Angenehmes, unprätentiöses, bei jüngerem Publikum beliebtes Hotel mitten im Zentrum in zwei alten Fischerhäusern. Zum Strand geht man 20 m, daher auch kein Pool; mit Restaurant und Dachbar; 1999 ist frisch renoviert worden.

Mandalinci: Atatürk Meydanı 13, Tel. 382 30 69, Fax 382 40 22, teuer.
Modernes Komforthotel, schöne, angenehme Zimmer mit Holzmöbeln, großer Pool in blumenreichem Innenhof. Gut gelegen direkt am Altstadtrand, 5 Min. zum Strand.

Gökçe Club Armonia: 6 km südlich, Tel. 393 64 82, Fax 393 63 18, Luxus.
Eine große Anlage des organisierten Frohsinns unter österreichischer Leitung, wo zwischen Parasailing, Pool und Disco keine Langeweile aufkommt. Der Strand ist sehr schön sandig, die Kinder fühlen sich im Mini-Club wohl, und für Windsurfer ist das die türkische Topadresse: Selten sind so gute Windverhältnisse zu finden wie hier (meist über 5 Beaufort!). Die enormen Sicherheitsmaßnahmen sind allerdings nur ein Fake: draußen ist es nicht gefährlicher als drinnen. Doch bleiben die Gäste aus Sorge da, können sie ihr Geld nicht woanders hintragen…

 Hasans Place Oçak Basi: Cami Sokak, tgl. ab 10 Uhr, moderat.
Hasan, der netteste Wirt der Bodrum-Halbinsel, drohte 2000, nächstes Jahr aufzuhören. Ich würde es ihm gönnen, mag es je-doch nicht glauben. Wenn der sympathisch-schlitzohrige Kappadokier also noch da ist, gehen Sie unbedingt dort hin. Man kann viel lachen, lernt viel über die Türkei, und nachts spielt er noch ein bisschen die Laute…

Lapikant: Mandalinci Plaj, tgl. ab 10 Uhr, moderat.
Strandrestaurant mit großer Auswahl und netter Bedienung, sogar Lahmacun haben sie hier (das bekommt man zwar überall in Deutschland, aber kaum einmal in den türkischen Urlaubsorten).

La Villa: am Hafenplatz bei den Ausflugsbooten, tgl. ab 10 Uhr, moderat.
Traditionsreiches Lokal am großen Hauptplatz am Meer, das dessen ›Upgrade-Umbau‹ erstaunlicherweise unbeschadet überstanden hat. Auch heute noch sitzen hier gerne die Fischer und spielen mittags Karten. Von Seefrüchten bis Spaghetti ist alles zu haben.

Souvenirs: zahlreiche Läden in der ›Altstadt‹, das Angebot aber nur Durchschnitt und sehr auf Engländer zugeschnitten.

Wochenmarkt: Sa findet der größte Markt neben dem von Bodrum statt.

Green Bar: Antike Statuen dekorieren eine moderne Bar im ›Mini-Bermuda-Dreieck‹ von Turgutreis (das ist an der Küstenstraße nach Süden). Hier trifft sich die Jugend des Ortes bzw. der ausgedehnten Ferienhaussiedlungen Richtung Club Armonia.

Busse: Per Minibus (Dolmuş) vom Hauptplatz alle 20/30 Min. Richtung Bodrum (bis 24 Uhr), mind. stündlich Richtung Akyarlar im Süden und Yalıkavak im Norden.

Yalıkavak (B4)

Bis heute wird Yalıkavak als Dorf der Schwammtaucher bezeichnet, doch an diese Vergangenheit erinnert so gut wie nichts mehr. Mittlerweile ist fast die gesamte Bucht über nahezu 15 km mit Apartmentsiedlungen zugebaut, an der Hauptgasse reihen sich die Antiquitätenläden, und die Fischlokale am Hafenkai haben als Werbung ganzseitige Empfehlungsartikel aus Zeitungen wie Hürriyet und Saba herausgehängt. Doch gerade weil die Infrastruktur auf einen gepflegten landestypischen Tourismus ausgerichtet ist, kann man hier als Individualreisender eine sehr mediterrane Atmosphäre erleben, ruhig, aber nicht zu ruhig, touristisch, aber ohne die tätowierten Dauerfeierer.

Der **Stadtstrand** hinter dem Hafen ist der zwar nicht einsam, aber doch der beste Strand der Bucht; Richtung Gümüşlük wird er recht schmal, gen Norden sind viele Buchten von Hotels belegt, z. B. vom Farmess Club des Veranstalters Sunsail, der hier Urlaub mit Segelschule organisiert (www.sunsail.com).

Taşkule: Yalı Mevkii, Tel./ Fax 385 49 35, moderat.
Überschaubares Haus am schönsten Strandabschnitt, ganz nah zum Ort mit Pool und hübschmediterranen Zimmern. Der Wirt spricht Deutsch, die Gäste sind vielfach Holländer. Empfehlenswert für Individualisten – und für notorische Pechvögel – denn an blauen Glasaugen (als Glücksbringer) ist beim Bau nicht gespart worden.
Lavanta: in den Hügeln über Yalıkavak, an der Straße nach Gün-

doğan ausgeschildert;
Tel. 385 21 67, Fax 385 22 90,
E-Mail: lavanta@lavanta.com.
Diese Anlage lässt sich problemlos zu den 10 schönsten Hotels der Türkei rechnen. Es liegt einsam an einem Hang mit Meerblick; überall setzen vermauerte Bruchsteine, alte Marmorelemente oder Kacheln Akzente. Die Zimmer sind alle unterschiedlich eingerichtet mit Holzelementen, türkischen Webwaren, Schmiedeeisen, in der Bücherei schließlich wähnt man sich endgültig zu Gast bei Kapitän Nemo. Es gibt sogar einen eigenen Holzofen zum Brotbacken und einen exzellenten Weinkeller.

Çakıroğlu: Liman İçi, Tel. 385 41 43.
Direkt am Hafenkai vor den Booten sitzt man an langen hölzernen Tischen, genießt schmelz-zarten Fisch, der in langer Zeremonie ausgewogen und vom obersten Grillmeister fachkundig gegart wurde; die Luft ist weich von gespeicherter Sonnenwärme, der Rakı fließt wie Milch durch die Kehle – das sind die Nächte, von denen man im November zehren kann.

İfoş: im Hof des Ali Baba Motels. Schöne Antiquitäten, nicht immer echt, nicht immer türkisch, aber doch viel geschmackvoller als meist üblich.
Anatolian Halıcılık: an der Hauptgasse, Atatürk Cad. Türkische Teppiche in großer Auswahl aus dem ganzen Land. Gute Beratung, akzeptable Preise.
Antikart: an der Hauptgasse, Atatürk Cad. 166. Silber, Glas, Keramik, Kupfer, eine wahre Fundgrube für geschmackvolle Souvenirs.

Nachts, wenn im Çakıroğlu Fischplatten und Rakı aufgefahren werden, drängen sich die Genießer an den langen Holztischen

Datça

Lage: D6
Einwohner: 5100
Vorwahl: 0252 (Provinz Muğla)

Ein wenig im Abseits lag Datça schon immer, selbst heute braucht man von Marmaris fast eine Stunde im Auto. Die schmale Reşadiye-Halbinsel, die von Marmaris zwischen dem Gökova-Golf und dem Hisarönü-Golf weit in die Ägäis vorspringt, ist gut 100 km lang – und auf halber Strecke liegt Datça. Einen gewissen Aufschwung erlebte der Ort erst als Jachthafen für die Segler auf der ›Blauen Reise‹, denen in den letzten Jahren auch sogar einige wenige Pauschaltouristen folgten. Doch noch heute ist das ruhige Urlaubsörtchen eine Art Geheimtipp, ein schlichtes Hafenidyll zwischen den Meeren, das noch nicht vom Tourismus überrollt ist.

Eski Datça: Etwa 3 km landeinwärts liegt das ›Mutterdorf‹, heute Eski (Altes) Datça, genannt, dessen schöne alte Häuser bei Künstlern und Intellektuellen aus Ankara als Sommerwohnsitz beliebt sind.

Der Oststrand von Datça ist relativ schmal, der **Weststrand** idyllischer, hier gibt es eine leicht schwefelhaltige Quelle, die einen direkt hinter dem Strand gelegenen See speist. Beliebte Badeausflugsziele (per Boot ab Hafen, Abfahrt 9–10 Uhr) sind die einsamen Buchten von **Kargı**, **Hayitbük**, **Ortabük** und **Palamutbükü** (s. S. 63). Dort gibt es auch schon idyllische Strandtavernen und Pensionen.

Jachttouren:
Şefik Aşkın: Tel. 712 34 06 (Pension), Mob. 0532/477 27 25, wenn nicht auf dem Meer, ist er auf seiner Jacht in Datça-Hafen. Ein ägäischer Seebär, wie er im Buche steht. Er hat auch eine Pension (20 Zimmer mit Du/WC), macht selbst aber lieber Touren

(für 300 DM pro Tag). An Bord seiner Gulet gibt es Kabinen für 6 Personen, doch schläft man im Sommer besser auf Deck im Schlafsack mit den Sternen über sich. Über die Route kann man diskutieren, er kennt allerdings die Inselwelt vor Datça wie seine Westentasche und weiß die besten Plätze.

Seher Tour: Uslu Pasajı, Tel. 712 87 89, im Winter 712 30 17, Fax 712 24 70.

Größtes Reisebüro in Datça, mit Rent a Car und Ausflugstouren. Hauptgeschäft sind Jachttouren z.B. nach Knidos, Palamutbükü und anderen Buchten oder Symi, aber auch Mehrtagestouren im Hisrönü-Golf oder zur Loryma-Halbinsel.

Knidos: s. S. 62
Loryma: s. S. 72

Bodrum: Zur berühmten Hafenstadt (s. S. 28) mit der sehenswerten Burg (Extra-Tour 1, S. 84) lohnt auf jeden Fall eine Tagestour (Fähre ab Körmen İskelesi, s. S. 57).

Symi: Die kleine griechische Insel direkt vor der Küste wurde im 19. Jh. durch Schwammtaucherei und Schiffbau reich und war noch im frühen 20. Jh. die größte Stadt weit und breit. Der Hafenort ist heute eines der schönsten Ägäisstädtchen, eine Sinfonie der Farben und der neoklassizistischen Architektur. Ein Ausflug lohnt also nur, wenn auch die Stadt Symi angefahren wird und nicht nur eine Badebucht. Dann kann man beim Landgang z. B. die kleinen Marides-Fischchen mit Tsatsiki und Retsina genießen – dafür lohnt der Ausflug allemal. Touren ab Datça-Hafen mehrmals wöchentlich, ab 10 Uhr, zurück gegen 17 Uhr.

Marmaris, Knidos
Bus-Station
Marmaris Cad.
Özbel Yolu
Uslu Apart
Güneş
Mare
Elite Beach Hotel

Am Hafen im Rathaus, Tel. 712 31 63, Fax 712 35 46, doch selten geöffnet, besser bei Seher Tour fragen (s.o.).

Pension Thetis: im Viertel über dem Stadtstrand, 5 Min. zu Fuß vom Meer, Tel. 712 20 87, günstig.
Familiäre Pension mit 11 Zimmern, freundlich und liebevoll geführt von Erdoğan Kedik und seiner deutschen Frau Karin, die sich gern um die Gäste kümmern und viele Tipps für Ausflüge geben.
Güneş: Azmakbaşı Mevkii, im Neubauviertel hinter Uslu Aparts, Tel. 712 43 92, moderat (für 4 Personen).
Kleineres Aparthotel gut für Familien: Es gibt einen Pool, zum Meer geht man 5 Min. Die Studios sind geräumig und haben eine kleine, funktionale Küche, desweiteren ein Schlafzimmer und ein Wohnzimmer mit zusätzlicher Schlafcouch.
Dorya Motel: Auf der Halbinsel beim Jachthafen, Zufahrt mit Pkw nur bis 19 Uhr, Tel. 712 36 14, teuer (mit HP).
Ruhig, aber zentral und sehr idyllisch unter Palmen gelegen auf der Halbinsel, die abends für den Autoverkehr gesperrt ist. Gediegene 70er-Jahre-Einrichtung, gut geführt, mit kleinem Pool. Hier ist Datça am schönsten!

Außerhalb:
Dede Pension: Eski Datça, Tel./Fax 712 39 51, Berlin: 030/854 28 34, moderat.
Im traumhaften Alt-Datça eine wirklich einzigartige Pension, geführt von einer Türk-Berlinerin, die nach 25 Jahren Deutschland hier ein wirkliches Kleinod verwirklicht hat. Der Garten ein Blumenparadies mit Hund und Katze, die Zimmer jeweils unterschiedlich thematisch gestaltet: z.B. ›Comic‹ mit Mickey Mouse und Schlumpf, ›Picasso‹ oder ›Chaplin‹ etc. Einen Pool gibt es auch.
Hoppala Pension: Mesudiye Plaj, ca. 20 km westlich an der Küste, Tel. 728 01 48, Fax 728 02 59, günstig, auch Campingmöglichkeit.
Ferien auf dem Bauernhof am Ägäisstrand: Hier stehen Esel im Stall und krähen die Hähne unterm Feigenbaum. Wirt Salih Güçlü vermietet 4 einfache Zimmer; seine Frau Sevgin kocht, während er grillt und die Gäste unterhält. Am zumeist völlig einsamen, so gut wie unverbauten Strand stehen Liegen und Sonnenschirme: So verbringt man hier bukolische Tage, und der einzige Lärm ist das Zirpen der Grillen unter den Ölbäumen.

Emek Restaurant Kaptan'ın Yeri (›Käptn's Place‹): Yat Limanı. Eines der Fischrestaurants über dem Hafen, dieses aber sehr beliebt (vor allem wegen des Windschutzes) und gut geführt von der australischen Frau eines ehemaligen Fischers. Die Wände sind vollgekritzelt mit Graffitis, die Atmosphäre ist entsprechend urig und nett. Es gibt eine große Auswahl auch an Fisch, man kann aber auch Lahmacun bestellen.

Kemal Restaurant: Yalı Cad. (Hauptstraße zum Hafen). Eine kleine, typisch türkische Lokanta, wo noch die Hausfrau selbst kocht. Es gibt Traditionsgerichte wie Tas Kebab und Tavuk Sote, was dem Kemal denn auch lobende Erwähnung im Guide Routard und bei Lonely Planet eingebracht hat.

Mandalina Pide Salonu: Atatürk Cad. (Hauptstraße). Im großen Garten unter schattigen Bäumen gibt es hauptsächlich Pide in allen Variationen (ganz erstaunlich, was man da so machen kann!). Aber auch Adana Kebap (mit Chili), Urfa Kebap (ohne Chili) und Lahmacun.

Yasy Restaurant & Bar: auf dem Hügel über dem Hafen an der Straße nach Kargı. In einem der ältesten Häuser von Datça haben junge Leute ein sehr schönes Refugium geschaffen, das fast ein bisschen an Griechenland erinnert. Musik und Atmo ist etwas für Möchtegern-Aussteiger und 68er.

Uğurlu Balıce: Atatürk Cad. Honig aus den Dörfern der Reşadiye-Halbinsel, z. B. dunklen Cam Balı (Pinienhonig) oder goldhellen Portakal Balı (Orangenhonig).

Antikite, Abdullah Sungurlu: Yalı Cad. 25. Alte Kupferwaren, Silber, Schmuck und viele Antiquitäten, die osmanische Romantik der Jahrhundertwende lebendig werden lassen – und das zu recht vernünftigen Preisen.

Der zentrale Treffpunkt in Datça: die Hafenpromenade

Music Bars rund um den Hafen, z. B. Gitanes Bar, düster und mit Softrock, Marylin Bar mit Techno und echtem Lagerfeuer, Maya Bar im Italo-Stil.

Bus: Regelmäßig Minibusse nach Marmaris und Muğla; per Dolmuş nach Mesudiye/Palamutbükü, aber keine Verbindung nach Knidos.

Fähre: Nach Bodrum tgl. ab 9 Uhr (retour 17 Uhr) ab Körmen İskelesi ca. 5 km nördlich von Datça; dorthin Buszubringer (ab Büro der Bodrumer Fährgesellschaft am Cumhuriyet Meydanı); Fahrtdauer jeweils ca. 2 Std., bleiben 6 Std. Aufenthalt. Für Autotransport spätestens am Vorabend reservieren, Tel. 712 21 43.

Gökova-Golf

Lage: D–F5

Der Gökova-Golf, der sich zwischen Bodrum und Marmaris erstreckt, ist touristisch noch weitgehend unerschlossen. Einige wenige Buchten kann man über holprige Erdpisten erreichen, die meisten aber nur per Boot.

Badebuchten

Cleopatra Beach auf der Insel Sedır Adası ist der berühmteste Strand; hier fahren die Leute von Marmaris mit Bussen an. Man kann nicht nur baden, sondern auch nach den Resten der antiken Siedlung **Kedreai** (u.a. ein Theater) suchen. Überfahrten gibt es ab Taşbükü oder ab Gelibolu Liman (Abzweig ausgeschildert nach Çamlıköy). In letzterem Hafen landen auch die Hydrofoil-Schnellboote von/nach Bodrum.

English Harbour: Nur mit Ausflugsbooten erreicht man verschwiegene Badebuchten wie die Dark Blue Bay, Karaca Island oder Okluk Liman. Dessen touristischer Name English Harbour bezieht sich darauf, dass U-Boote der Engländer sich in dieser tiefen Bucht verbargen, als die deutsche Wehrmacht nach 1943 die Dodekanes-Inseln besetzt hielten.

Genau gegenüber liegt ganz einsam die **Akbük-Bucht,** die wirklich nur von den Booten der ›Blauen Reisen‹ oder von Akyaka her erreichbar ist.

Akyaka (G5)

Die beschauliche Strandsiedlung am inneren Ende des Golfs, ca. 30 km nördlich von Marmaris, ist das einzige Urlaubsdörfchen. Hotels liegen vor allem direkt in der Strandebene, während den Ortskern etwas erhöht am Hang zahlreiche Apartmentanlagen und Ferienvillen umlagern. Besonders idyllisch sind die Forellen-Restaurants, die Richtung Gökova am Flüsschen liegen.

 Captain's Inn: in der Strandsiedlung, Tel. 243 50 77, Fax 243 57 84, günstig.
Eine Neubau-Pension, einfach, aber ganz hübsch eingerichtet. Der Wirt betreibt auch Ausflugsboote, z. B. für Touren zur Akbük-Bucht, zum Cleopatra Beach und zur Dark Blue Bay. besonders schön ist das Boot ›Captain 1‹, ein richtiges Segelschiff für nur 16 Passagiere.

Yücelen: am Strand, Tel. 243 51 08, Fax 243 54 35, teuer.
Eine hübsche, kinderfreundliche Anlage im osmanischen Holzverandenstil, der überall in Akyaka

zu finden ist: kleine zweistöckige Trakte mit Holzbalkonen, verteilt in einem Garten mit Pool und einem kleinen Ententeich. Kinder sind begeistert!

Kermetur: in der Strandsiedlung hinter Köşem Restaurant. Eher einfaches Familienlokal mit großer Auswahl an Schmorgerichten und verschiedenen Pide-Sorten.
Meşhur Balıkçı Halı'nın Yeri: am Fluss Richtung Gökova. Eine sehr lauschige Taverne zum Forellenessen. Die Tische stehen auf kleinen Inselchen, das Wasser rauscht romantisch. Evtl. aber an Mückenschutz denken!

Gülşen Bakırcılık: beim Parkplatz vom Hotel Yücelen; stilvolle Souvenirs aus Kupfer und Messing im osmanischen Stil.

Alle **Busse** auf der Strecke İzmir – Muğla – Fethiye halten am Gökova-Abzweig. Von dort 3 km zu Fuß, bei Reservierung organisieren die Hotels einen Abholservice.

Ören (E5)

Der Ort auf der Nordseite liegt sehr im Abseits, denn zu erreichen ist er bequem nur über die Straße von Milas her, die Verbindung entlang der Küste ist schlecht zu finden und nicht gut ausgebaut. So lebt in Ören noch der Charme der 1970er Jahre. Der Hauptort liegt beim Platz der antiken Keramos etwas im Inland, in der Strandsiedlung machen hauptsächlich Türken Urlaub – das sorgt für ein sehr authentisches Flair, und auch das Essen ist noch so, wie es die Tradition will.

Keramos: Von der antiken Siedlung, die nie größere Bedeutung hatte, sind noch zahlreiche Reste erhalten, allerdings gab es keine Grabungen. Teilweise sind Steine in den alten Häusern verbaut; mitten im Ort erheben sich zudem riesige Mauern von Monumentalbauten wie Thermen oder Markthallen aus der Römerzeit.

Alnata: am Strand rechts halten, Tel. 532 28 23, Fax 532 28 22, günstig.
Ein neugebautes Familienhotel der Mittelklasse mit Pool, das in Bodrum sicherlich dreimal teurer wäre. Die Zimmer einfach, aber akzeptabel, zum Strand geht man nur Meter. Man spricht Türkisch, de Tochter kann aber auch ein wenig Englisch.

İçmeler

Lage: F6
Einwohner: bis zu 30 000 in der Saison
Vorwahl: 0252 (Provinz Muğla)

Vor 30 Jahren schliefen die Rucksacktouristen in der Bucht von İçmeler (›Die Quellen‹) noch am Strand; Olivenbäume und Felder bedeckten die von grünen Hügeln eingefasste Ebene. Die Hügel sind noch immer grün, aber sonst hat sich alles verändert. Eine sehr moderne Urlaubsurbanisation ist entstanden, neue Hotelhochbauten, glatt asphaltierte Straßen, Bürgersteige auf einer Höhe: wo gibt es das in der Türkei sonst noch? Kein Wunder also, dass İçmeler überaus beliebt ist – und verglichen mit dem Hotelviertel Siteler von Marmaris auch regelrecht ruhig, großzügig und aufgeräumt wirkt. Hier dreht sich natürlich alles um Urlaubsfreuden, Sun'n Fun. Tagsüber am langen Sandstrand, abends an der Strandpromenade, wo sich dann Kleinkünstler und fliegende Händler einfinden, die eine Art Nachtmarkt-Atmosphäre schaffen. Eine hübsche Bummelmeile ist aber auch entlang dem kleinen Flüsschen zum Strand hin entstanden, wo sich Souvenirstände und Bars aneinander reihen. Obwohl abends auch in İçmeler viele bunte Neonlichter flackern, hält sich das Nachtleben noch in Grenzen, jedenfalls verglichen mit dem von Marmaris-Siteler.

Tauchen
Europaen Dive Center:
AYC Marina (nahe Göl-Mar Hotel), Büro im Hotel Paloma Beach, Tel. 455 47 33, Fax 455 47 34, Internet: www.europeandiving.com.tr Renommierte Tauchschule unter britischer Leitung, Tauchkurse aller Niveaus (PADI & CMAS) und Tages-Ausfahrten, Clubs ab 12 Taucher können auch exklusiv ein Boot mieten. Es ist auch möglich, Tauchkurs mitsamt Unterkunft von zu Hause aus zu buchen.

Octopus Diving Center:
Munamar Vista Hotel, Tel. 412 57 86, Fax 412 36 12. Kleinere Tauchschule mit günstigen Angeboten.

Wassersport: Großes Angebot mit Banana und Ringos, Parasailing und Wasserski vor den Großanlagen Martı Resort, Paloma Beach und Munamar Vista.

Fitness etc:
Auch Nichtgäste können auf das Gelände des **Martı Resort** und sich im riesigen Poolareal, im Fitness Gym und bei anderen Sportangeboten austoben, 25 DM Gebühr.

Fitness Centre im Hotel Paloma Beach mit türkischem Bad und Massage, für Nichtgäste 10 DM Eintritt.

Alles ordentlich in der Reihe? Am Strand von İçmeler

Bootsausflüge mit der Bootkooperative z. B. nach Kaunos/Dalyan (s. S. 80) oder Badeausflug mit B.B.Q, u. a. nach Turunç, Amos und Kumulubük Beach (jeweils ab 10 Uhr). Weitere Touren: **Bozburun-Halbinsel** (s. S. 70, 92), **Muğla** (s. S. 90), **Knidos** (s. S. 62).

Portofino: Kaybal Cad. 84, Tel. & Fax 455 36 01, moderat.
Im unteren Preissegment sind in İçmeler viele Unterkünfte recht laut. Das Portofino zählt zu den ruhigeren, abseits von Strand und Nightlife, doch nicht zu weit abseits. Mit Pool und Restaurant.
Laguna: ganz links an der Bucht, Zufahrt von der Hauptstraße, Tel. 455 37 10, Fax 455 36 22, www.lagunahotel.com, teuer.
Das wohl schönste İçmeler-Hotel in sehr heller, moderner, gepflegter Architektur, mit Terrassenrestaurant, Fitness-Center und einer Bar mitten im Pool. Direkt am (ruhigeren) Strand hinter dem Martı gelegen, an dem hier riesige schattenspendende Palmen stehen.
Martı Resort: zwischen Hauptstraße und Strand, Tel. 455 34 40, Fax 455 34 48, Luxus.
Riesige Anlage im Club-Stil, sehr schöne, ausgedehnte Poolanlage, Kinderspielplatz, zahlreiche Sportangebote (Bogenschießen, Tennis, Wassersport), eine große Openair-Disco, mehrere gepflegte und gute Restaurants, die auch für Nichthotelgäste geöffnet sind: im Teras z. B. finden allabendlich Shows statt.

Bamboo: Im Rundbau am Hauptstrand beim Flüsschen. Den Fisch wählt man hier nicht aus der Kühlauslage, sondern lebend aus einem Seewasserbecken. Etwas irritierend ist die Live-Kapelle, die ohne Unterlass uralte Rock-Schnulzen trällert.
Coco Beach: an der Strandpromenade neben Aqua Hotel. Recht beliebtes Hotelrestaurant (Pizzeria & Steak House) mit internationaler Küche. Abends gibt's häufig Tanz-Shows, wobei man hier zur Abwechslung die Exotik nicht aus Türk-Pop, sondern aus algerischer Rai-Musik schöpft. Das klingt aber auch gut … und die Tänzer (!) sind ziemlich ansehnlich.
Hanımağa: Cumhuriyet Mah. 66 Sok. 11/1, linksseitig an der Flusspromenade zum Strand.
Von der Lage her eine der besten Adressen, die Küche aber sehr englisch. Das Onion Steak (Steak mit frittierten Zwiebeln) wird hier mit Leidenschaft gegessen. Wie bei den anderen Restaurants dort

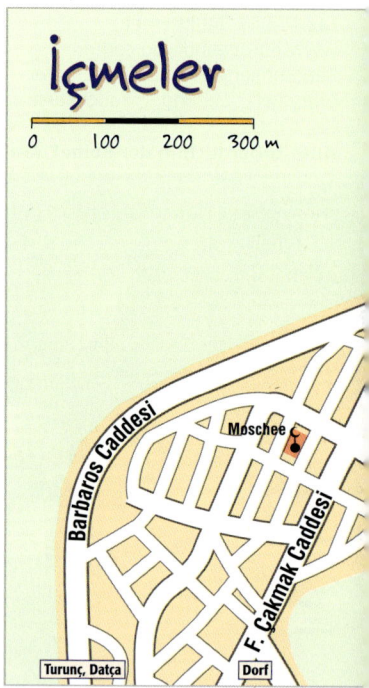

60

(Manolya, Venedik) sind die Kellner sehr rührig, wenn man noch auf der Straße steht – wenn man sich setzt, gibt sich das. Läuft auf den TV-Schirmen kein Sport, gibt's Comics für die Kleinen.

Hob Nob: am Kreisel Ecke Cumhuriyet und K. Evren Cad.
Eine wirklich ungewöhnliche Einrichtung: an den Wänden antike Bankettszenen mit griechischen Göttern, das alles unter einer Blätterdecke wie in einem Tempelhain. Die Küche international mit vielen ›best of‹.

La Grotta: am Martı Beach, gehört zum Hotel. Zu Live-Musik echte italienische Küche vom Feinsten: Pasta, Pizza und der Rest, sogar Carpaccio. Nur der Wein war nicht richtig temperiert, besser einen gekühlten Weißen nehmen!

außerhalb
Ekinci Old Village Restaurant: İsmet İnönü Cad.
Dass es im Hinterland noch das alte Dorf aus vortouristischen Zeiten gibt, bekommen die meisten Urlauber überhaupt nicht mit. Folgt man der Verlängerung der K. Evren Cad. durch Felder landeinwärts, findet man ohne Probleme hin. Hier leben die Menschen noch wie früher, die alten Herren sitzen beim çay (Tee) zusammen und wundern sich über die Zukunft. Es gibt eine ganz und gar nicht internationale Hausmannsküche, und dafür lohnt der kleine Fußweg unbedingt.

Turkish House: an der Straße nach Turunç, tgl. ab 18 Uhr.
Lauschig im Wald gelegenes Restaurant im Stil eines Bauernhau-

61

ses mit schattigem Gartenareal und abendlichen Folklore-Aufführungen.

Mustafa Arslan: neben Hotel Paloma Beach, gegenüber Kontes Bar. Schöne Antiquitäten, Schmuck und (ganz selten) Armreifen und Kästchen aus Kamelknochen.

Deniz Kapısı Bar: am hinteren Strand vor Hotel Mar-Bas, tgl. ab 11 Uhr. Die wohl lauteste Strandkneipe mit Ballermann-6-Atmo: von Herrenstrip bis zur Prämierung von als Drag Queen verkleideten Touristen wird alles geboten, ab 14.30 Uhr – wie zu Haus im TV – auch eine Quiz-Show.

Korsan Dance Bar: Cumhuriyet Cad. im Hotel Kanarya, direkt an der Ecke zum Flüsschen.
Eine wilde Piratenbar: ein überlebensgroßer Käpt'n Hook, dazu Antiquitäten aus der Schwammtaucherzeit, eine kleine Tanzfläche gibt es auch. Die Kellner sind obercool und setzen mitunter auch schon einmal den ganzen Tresen in Brand ... und nicht nur den Tresen.

Three Bells Dance Club 'n Fun Bar: İstiklal Cad., Ecke 74 Sokak, tgl. ab 12, Happy Hour ab 20 Uhr, ›Show‹ ab 22.30 Uhr.
Was tut man nicht alles für die Gäste. Damit ordentlich Stimmung aufkommt, üben sich die weißbehemdeten Kellner zu viert im Showdance zu den aktuellen Strand-Sommer-Hits, das Publikum kann dann hinterherhüpfen und später die Hits auf Kassette kaufen. Wer ordentlich feiern möchte, hat hier viel Spaß!

Marmaris-Shuttle: alle 15 Min. ein Dolmuş nach Mar-

maris Siteler und City Centre (Şehir Merkezi); die Busse fahren ab Göl-Mar Hotel über Kayabal Cad. und Cumhuriyet Cad. und halten überall auf Handzeichen.

Busse: Ab Minibus-Station an der Kayabal Cad. auch Dolmuş-Busse nach Turunç und Datça; andere Ziele über Marmaris.

Fähren: etwa alle 30 Min. ein Boot-Taxi von den drei Anlegern nach Marmaris (Stops beim Hotel Lidya, beim Daisy Club und an der Promenade beim Hotel Yavuz).

Knidos-Halbinsel

Knidos (B6)

Die antike Stadt Knidos auf der Spitze der Halbinsel war schon im Altertum ein berühmtes Reiseziel: Erstens gab es ein renommiertes Kurzentrum, zweitens aber war hier die *Aphrodite nudica* des Bildhauers Praxiteles zu sehen, nämlich die erste griechische Darstellung eines nackten Frauenkörpers – das zog schon damals.

Knidos bildete zusammen mit Halikarnassos (Bodrum), Kos und Rhodos ein kulturelles Zentrum des dorischen Griechentums: die Stadt stiftete z. B. das Schatzhaus der Knidier in Delphi, auch der Baumeister des Leuchtturms von Alexandria, Sostratos, und der Mathematiker Eudoxos, der eine Sonnenuhr konstruierte, stammten von hier.

Als größere Bauwerke haben sich erhalten das Theater im römischen Stil neben der weiten Fläche der Agora, zu der ein Dionysos-Tempel und eine Ladenzeile gehörten. Über zwei Terrassen steigt man an zertrümmerten Tempeln und öffentlichen Bauten empor zu den Fundamenten des Rundtempels der Aphrodite, in dem die Statue in einem Säulenkranz stand. Zurück schöner Blick auf die zwei Häfen, nach Süden der Handelshafen, nach Norden der Hafen der Kriegsgaleeren. Wenn man nicht auch hierher kommt, um zu baden und zu picknicken, lohnt die Fahrt nur für archäologisch Interessierte.

Palamutbükü (C7)

Palamutbükü, auf halbem Weg Richtung Knidos gelegen, ist ein langer, sehr ruhiger Kieselstrand mit einigen Hotels und Tavernen – und immerhin inzwischen auch einer Moschee. Am Hafen ganz rechts in der Strandebene gibt es Supermärkte, ansonsten erinnert die ländliche Idylle noch an die touristische Frühzeit.

 Palmiye Motel: ca. 500 m vor dem Strand an dr Zufahrtstraße, günstig.
Ein sehr privates familiäres Hotel, geleitet von einer Berlinerin und ihrem türkischen Ehemann. Hübsche und saubere Zimmer mit gemauerten Betten. Dazu gehört auch ein kleiner Garten mit Kinderplanschbecken und – man glaubt es kaum – mit Gartenzwergen.

Hadi Dedim Hopba, der Kölsche Hassan: kurz vor dem Hafen. Strandtaverne eines echten Originals, der es mit den in Köln durchaus aufnehmen kann. Er serviert nur selbst gefangenen, superfrischen Fisch, z. B. im Ofen gebackenen *kiliç balık* (Schwertfisch). Ein Jäger versorgt ihn aber auch mit Wildschwein aus den Bergen, das er ebenfalls im Ofen zubereitet.

Unterwegs nach Knidos

Marmaris

Lage: F6
Einwohner: 28 000, in der Saison bis zu 150 000
Vorwahl: 0252 (Provinz Muğla)
Stadtplan: Rückseite Extra-Karte
Extra-Tour: 4 und 5 (ab S. 90)

Marmaris hat ein ganz besonderes Flair: Im Rücken die Kulisse dunkelgrüner Kiefernwälder, vorn die Netsel Marina, einer der größten Jachthäfen am Mittelmeer, dazwischen eine riesige Hotelstadt, wo sich alles nur um Urlaubsspaß dreht. Dass Marmaris einmal ein winziges Fischerdorf war, mag man erst glauben, wenn man den kilometerbreiten Neubaugürtel überwunden hat. Doch auch die alten Viertel zu Füßen der kleinen Burg bieten Idylle nur noch als Kulisse für 1001 Kneipe: Diese Gassen, vor allem die im Jargon ›Bar Street‹ genannte Straße unterhalb der Burg, erwachen erst abends zum Leben.

Die Lage an einer durch Inseln fast völlig gegen das offene Meer abgeschlossenen Bucht verdanken Marmaris ebenso wie die Nachbarstadt İçmeler (s. S. 58) ein sehr mildes Klima, sodass nachts nicht nur bei den Ravern in der ›Bar Street‹ der Schweiß fließt. Mehr noch als Bodrum oder Kemer ist Marmaris ein Tummelplatz der türkischen Upper Class – bei der Regatta-Woche im Mai und beim Musik-Festival im Juni repräsentieren Politiker und Wirtschaftsbosse wie Herr Sabancı, der Marmaris eine Schule stiftete, in den Luxushotels am Siteler-Strand neureichen Lebensstil. Auch am Kordon, der mondänen Hauptbummelpromenade am Jachthafen, flaniert die bessere Gesellschaft (man merkt's an den Preisen).

Siteler (wörtlich ›die Hotelanlagen‹), das meist übrigens die lange Zone, in der sich das neue Marmaris am Strand entlang zum ›Vorort‹ İçmeler erstreckt. All diese Bauten, die sich 10 km nach Westen und 5 km nach Norden ziehen, entstanden seit den 1980er Jahren – als eine Art Kunstprodukt der staatlichen Tourismusförderung. Wer hier einbucht, bekommt von der wirklichen Türkei nur wenig mit, hat jedoch alles, was er braucht, – Strand, Clubs, Restaurants – nah beieinander.

Marmara Kalesi: Tgl. außer Mo 8–12, 13–15 Uhr. Die osmanische Burg über der Alt-

stadt wurde restauriert und ist heute zu besichtigen – mit dem Bodrum-Kastell kann sie aber längst nicht mithalten. Die engen weißen Gassen am Burghügel sind jedoch der idyllischste Teil der Stadt – hier kann man die Atmosphäre des einstigen Fischerdorfs Marmaris noch erahnen.

Yeni Bedesten: Im Basar, Hacı Sabrı Sokak. Neben der Alten Moschee (Eski Cami) ist ein neues Marktgebäude im Stil eines Han entstanden (man könnte es als osmanische Postmoderne bezeichnen). Im effektvoll ausgeleuchteten Hof ist ein schönes Cafe, wo man ruhig und angenehm beim Plätschern eines Brunnens sitzt.

Eski Han: Hacı Sabrı Sokak, nahe der Tourist Information. Die alte osmanische Karawanserei, gebaut 1554 zum Schutz der Handelswaren, wird jetzt nicht mehr genutzt, ist aber noch zugänglich und soll demnächst renoviert werden. Die Stiftungsinschrift über dem Eingang sagt: »Errichtet unter Sultan Selims Sohn, dem großen Sultan Süleyman, dem Eroberer der Kontinente und Ozeane und Herrscher der arabischen und persischen Königreiche«.

Netsel Marina: Der Jachthafen lohnt auch für für Nicht-Segler einen Ausflug: ein Abstecher in die Welt der Reichen und Ganzreichen. Man findet dort einige gute Restaurants und kleine, aber feine Boutiquen mit den Tops der modernen Sportmode (hier aber echt und nicht billig, sondern höchstens günstig!).

Der **Stadtstrand** vor der Atatürk Caddesi und beim Siteler-Vertel ist natürlich sehr voll. Aber dafür wird der Strand jeden Morgen geharkt, für Liegen, Schirme und Wassersportangebote ist

Am Yeni Kordon von Marmaris kann man sich unter 1001 Bootstour das Passende aussuchen

gesorgt und an Kneipen herrscht kein Mangel.

Badeboote: Wer mehr Ruhe will, fährt per Boot (Abfahrt 9/10 Uhr) zu den Stränden in der Umgebung, etwa zum **Kumlubük-Strand**, zur **Çiftlik-Bucht** oder noch weiter bis zur **Amazonen-Bucht** (Serçe) bzw. zur **Kilise Bay** (Gerbekse-Bucht). Einsame Minibuchten, die nur per Boot oder Surfbrett erreichbar sind, bietet auch **Cennet Adası**, die Halbinsel, die die Marmaris-Bucht zum Meer absperrt.

Cleopatra Island: Der wohl beste Strand der Umgebung (auch Sedır Adası, ›Zederninsel‹ oder Şehir Adası, ›Stadtinsel‹ genannt), etwa 20 km Richtung Gökova gelegen. (Zu teure) Pauschaltouren bietet jedes Reisebüro, mit einem Gefährt (z. B. Miet-Vespa) erreicht man bei Çamlıköy oder Taşbükü die Fähre (gegen 10 und 13 Uhr). Es heißt, Marcus Antonius habe den feinen Sand für Kleopatra extra vom Roten Meer holen lassen. Einsam ist es hier aber längst nicht mehr.

Atlantis Water Park: Siteler, 209 Sokak 3, Uzunyalı, nahe Hotel Anemon, tgl. 10–18 Uhr geöffnet, Erw. 14 DM, Kinder 8,5 DM. Großes Spaßbad mit aufregenden Rutschen, einem Kinderbecken mit vielen Geräten im Wasser, dazu eine Bowling-Bahn.

 Wassersport
Sindbad Watersports: gegenüber Talk of the Town, bietet Wasserski, Parasailing, Banana, Ringos, etc.

Yacht-Charter
Gökova Yachting: Netsel Marina, Tel./Fax 413 10 89, E-Mail: gokovayat@superonline.com. Bareboat Charter (ohne Mannschaft, ca. 4000 DM/Woche) und Touren (z. B. nach Bodrum one way, ca. 550 DM/Person)

Tauchen
Paradise Diving Center: abends liegt das Boot am Yeni Kordon vor dem Info-Büro, Tel./Fax 413 48 93, Mob. 0532 588 19 74. Tagesfahrten mit Tauchlehrer, Equipment und Lunch für 65 DM, PADI-Grundkurs 5-tägig für ca. 600 DM.

Motorrad-Touren
YoshiMoto: K. Elgin Bulv. 16, Tel. 412 17 07, Fax 412 18 25.

Autos, Jeeps, vor allem aber Endu-
ro-Maschinen (KTM). Sehr interessant für Off-Road-Fans sind die
7-tägigen Touren, Info auch über
Buchungsadresse in D-74223
Plein: Tel. 07131/58 07 00, Fax
07131/58 07 01.

Bozburun-Halbinsel (s. S. 70,
92), **Muğla** (s. S. 90), **Kaunos**
(s. S. 80), **Knidos** (s. S. 62).

İskele Meydani 2, am
Hafen, Tel. 412 10 35.
Praktische Infos besser über
Reisebüros, z. B. Agora Tourism,
Atatürk Cad. neben Talk of the
Town, Tel. 412 34 71,
Fax 413 37 90

Bariş Motel: 66 Sokak, von
G. M. Muğlalı Cad. abbie-
gen, Tel. 413 06 52, günstig.
Einfache Pension, aber für Marmaris geradezu idyllisch ruhig gelegen; saubere Zimmer, eine kleine Frühstücksterrasse zur Straße.
Candan Apart: Hasan Işık Cad.,
Tel. 413 10 73, Tel. 412 93 03,
günstig.
Nahe dem Wochenmarkt, relativ
ruhig, ein gepflegter Neubau mit
modernen Studios und Apartments – ganz schön für Familien.
Marina: Barbaros Cad. 37,
Tel. 411 00 20, Fax 412 65 98,
moderat.
Exklusive Lage – direkt über dem
Kordon, doch für die einfache Ausstattung (besseres Pensionsniveau)
ist das Marina fast zu teuer. Aber
die freundliche Atmosphäre, der
erstklassige Ausblick und das ›Mit-
tendrin‹ machen das wieder wett.
Sehr schwierige Zufahrt, daher besser anrufen (man spricht englisch
und deutsch) und sich am Yeni
Kordon bei der Atatürk-Statue ab-
holen lassen.
Halıcı 1: Çam Sokak 1, vor

Talk of the Town von der Atatürk
Cad. abbiegen, Tel. 412 36 18,
Fax 412 92 00, moderat,
auch Familienzimmer.
Ein ganz ruhiges und doch zentral
gelegenes Althotel, mit Liebe eingerichtet mit vielen Antiquitäten,
alten Teppichen, dazu ein großer
geschwungener Pool, ein schönes
Gartengelände. Und das alles nur
30 m vom Strand. Achtung: nicht
mit Halıcı 2 bzw. Halıcı Holiday Village verwechseln.
In Siteler:
Mehtap: Uzunyali 24,
Tel. 412 67 34, Fax 412 67 35,
moderat.
Einfaches Mittelklassehaus mit-
tendrin und direkt am Strand. Die
Zimmer sind zwar ein wenig ver-
wohnt, dafür toller Blick auf die
Marmaris-Bucht, die wegen der
Halbinsel wie ein See wirkt. Morgens gibt's ein gutes Büffet mit
englischem Frühstück.
Lidya: Siteler, K. Evren Bulv.,
Tel. 412 29 40, Fax 412 14 78,
teuer.
Das allererste Nobelhotel am Mar-
maris-Strand: also nicht ganz neu
– dafür mit einem wunderschönen
Garten mit Palmen. Ruhig gelegen, mit Pool, großem Sportangebot, eigenem Bootsanleger (Stopp
der Wassertaxis zwischen Zentrum
und İçmeler). Neben dem Dachre-
staurant, dem Night Club und
dem Kino gilt vor allem die Disco
›Music Tempel‹ als Fixpunkt für ein
etwas edleres Nachtleben.

Die Restaurants am Kordon
unterhalb der Burg sind teilweise ziemlich überteuert; günstiger, oft sogar besser kann man
auch in den einfachen Lokalen der
Altstadtgassen essen.
Begonya: Bar Street 101,
Tel. 412 40 95, teuer.
In einem wunderschönen alten

Auch abends wird in Marmaris Einiges geboten

Konak mit großem Innenhof ein sehr feines Restaurant, Luxus pur mit weißem Tischtuch und edlen Gläsern – man fühlt sich wie in Frankreich. Italienisch inspirierte Küche, die aber ihren Preis hat: z. B. ›Hühnchenbrust in Marsala an Rosmarinkartoffeln‹ oder ›Escalope mit Armagnac-Pflaumen an hausgemachten Nudeln‹.

Birtat: Kordon, nahe Hotel Marina, Tel. 412 10 76.
Seit 1964 besteht dieses Urgestein der Marmaris-Lokale nun schon – also ein Ankerpunkt mit Tradition. Die wird auch in der Küche aufrecht gehalten. Speziell bietet man eine große Auswahl an Fisch & Seafood, das hat zwar seinen Preis, dafür speist man aber evtl. neben türkischer High Society.

Drunken Crab: Bar Street 72, teuer.
Meeresfrüchte in allen Variationen (und nicht aus der Gefriertruhe), doch ohne Schnickschnack: Die Tische stehen auf der Gasse und sind einfach mit Papier gedeckt. Am besten bestellt man eine Platte *Mezeler*, eine Flasche *Rakı* und dazu eine schmelzzarte *Barbunya* (aber Vorsicht: viele Gräten!)

Durgüz: 36 Sokak. Typisch türkisches Lokanta am Rand des Basars mit vielen Traditionsgerichten, die in Stahlwannen präsentiert werden, z. B. *İzmir Köfte* und *Patlıcan Mousaka*, viele gute *Çorbalar* (Suppen) gibt's auch. Im Vergleich zu den Adressen am Kordon spottbillig, das Essen aber um ein Vielfaches leckerer.

Hollandse Pannekoeken Huis: an der Siteler-Promenade, nahe Hotel Mavi. Ein kleines gemütliches Stübchen einer Niederländerin, natürlich mit typisch holländischen Gerichten.

Körfez: Yeni Kordon kurz vor der Tourist Information. Spezialisiert auf *Deniz Üngürlü* (Meeresfrüchte) und Grillgerichte. Das Publikum zumeist türkisch: Spät abends wird echte türkische Live-Musik gespielt und die Gäste tanzen auch dazu.

La Campana: Netsel Marina.
Ein sehr gutes italienisches Restaurant mit aufregender Fischauswahl und feinster italienischer

Küche: Panzarotti, Tagliatelle, Carpaccio di spada ... Die Preise aber wie in Deutschland und auch mal darüber.

Liman Restoran Ulu Mustafa Ustanın Yeri: 40 Sokak. Der ›Große Mustafa‹ stammt aus Bolu, wo nach gesamttürkischer Überzeugung die besten Köche herkommen sollen. Es gibt eine sehr große Vorspeisenauswahl, ansonsten zumeist Grillgerichte.

Mr. Zek: Am Kordon, Tel. 413 41 23, teuer. Feine italienische Küche mit Carpaccio, Panzarotti und vielen Variationen von Scaloppine, dazu eine tolle Terrasse mit Hafenblick. Der Wirt ist Türke, sein Italienisch klingt aber fast echt.

Sofra Lokanta: 51 Sokak, Ecke 38 Sokak. Einfaches Lokanta mitten im Basar mit netter Bedienung, es gibt verschiedene Pides, Kebabs und Mezeler, sogar Ayran und Çay. Sehr günstig, gut für einen Mittagssnack.

Mado Patisserie: 51 Sokak, Ecke 40 Sokak. Ein typisches Café, modern eingerichtet, aber mit mit dem gesamten türkischen Nasch- und Zuckerwerk, und auch Schöller-Eiscreme – bloß Filterkaffee gibt es nicht.

Im riesigen Basar unterhalb der Burg wird unter Sonnenschutzplanen neben Teppichen und Gold viel Lederkleidung verkauft, bis hin zu Pelzmänteln.

Carmen: Hacı Sabrı Sokak 5/B, beim Info-Büro vom Yeni Kordon in den Basar einbiegen. Tarık Görgün verkauft sehr schöne Antiquitäten (Silber, Schmuck, Seefahrt).

Ali Baba: Hacı Mustafa Sokak 87, wo der Kordon auf die Bar Street stößt. Halbedelsteinarbeiten und wunderbarer alter Silberschmuck aus der Osttürkei.

Medusa: 42 Sokak 14, Basarhauptstraße parallel zum Yeni Kordon. Alles aus Leder: Jacken, Hosen, Bustiers. Maßanfertigung einer Jeans ca. 120–160 DM.

Musicbar Musicland: 40 Sokak, im Basar. Sehr große, günstige Auswahl an CDs und Kassetten (Charts, TürkPop, Arabesk), teilweise aber Raubkopien.

Honig: Kiefern-Honig *(Cam Balı)* ist eine Spezialität der Marmaris-Region. Man kauft ihn günstig direkt bei den Imkern, die ihre Stände an der Gököva-Straße aufgestellt haben.

Supermärkte: Migros, K.Evren Bulv. (Siteler) mit McDonalds, und Tansaş, U. Egemenlik Cad., (Zentrum) mit Burger King, sind die großen, vollklimatisierten Einkaufsmärkte, wo man von Baby-Pampers bis zur Maggi-Tütensuppe alles für das moderne Leben bekommt.

Die parallel zum Kordon verlaufende Altstadtgasse nördlich des Burghügels heißt im Jargon nur noch ›Bar Street‹ – hier ist bis frühmorgens etwas los. Eine zweite, noch heißere Halligalli-Meile ist der Daisy Club Strip am Strand rechts und links der I.K. Öner Cad. in Siteler.

Bars & Cafés

Beverly Hills: Bar Street 118. Eigentlich nur ein langer Tresen zur Gasse hin. Daher ein beliebter Treffpunkt zum Sehen-und-Gesehenwerden. Große Cocktail-Auswahl, doch schon das Bier liegt wie überall in dieser Gasse im 3-Euro-Bereich.

Castle Bar: Ganz oben auf dem Burgberg (131 Stufen von der Bar Street, 106 vom Kordon). Eine ruhig im Abseits gelegene Bar mit tollem 360°-Ausblick, eigentlich ein verschachteltes System von

Dachterrassen eines alten Konak. Hier trifft man die Kinder der türkischen High Society: daher leider viele Handys, leider auch nicht gerade die günstigsten Tarife.

Dilek Bar: Uzunyalı, an der Strandpromenade kurz hinter dem Abzweig des K. Elgin Bulvarı. Eine der abgefahrensten Siteler-Bars: ganz mit Grafittis vollgekritzelte Wände; und wer sich hier verewigt, wird einem beim Blick auf die englischen und schottischen Fußballfahnen an der Decke schnell klar. Dazu türkische Cocktails von *Sex on the Beach* bis *Green Frog*.

Internet Cafe: 51 Sokak, zwischen Netsel Marina und Basar, Zweitladen in Siteler in der **Don Quichote Bar,** am Strand nahe Atlantis Water Park. Internetzugang und Mail- & Druck-Service für ca. 9 DM pro Stunde, 15 Min. Minimum.

Rembrandt Plein: Bar Street. So hat man den Platz zwischen dem Rembrandt Bar und dem Den-Tol Hollands Restaurant genannt. Alles fest in holländischer Hand, und wer Heimweh hat, kann sich mit warmen Kirschen auf Eiskrem und anderen nordgermanischen Nettigkeiten trösten.

Discos & Night-Clubs

Green House: Bar Street 87. Gilt als beste Disco an der Bar Street, auch wenn der Laden mit den hübschen grünen Türen innen eher an eine einsturzgefährdete Scheune erinnert. Der Sound ist aber brutal gut. Es wird nicht immer Techno gespielt, aber wenn, dann geht die Post ab.

Downtown: Bar Street 77. Ziemlich abgefahren, über dem Tresen thront ein immenses Aquarium, Neontotempfähle erhellen mühsam ein düsteres Gesamtkunstwerk in Blau. Die Tanzfläche aber ist open-air, deshalb muss schon um 2 Uhr nachts Schluss sein.

Clubbin' in Siteler

Der ›Daisy Club‹ ist das Zentrum von Siteler, genau dort, wo es am heißesten ist. Der größte Disco-Club in Marmaris nennt eine megastarke Sound-Anlage sein eigen, eine riesige Tanzfläche (indoor) und eine Open-air-Bar am Strand. Ringsum gibt es zahlreiche weitere Clubs, z. B. das High End mit Elvis-Auftritten und Foam Partys oder der Beach Club, der so eng ist, das die Girls dort zwangsläufig auf den Barhockern tanzen.

The Majestic Boys: I.K. Öner Cad., Ecke Strandpromenade in Siteler, Show ab 21.30 Uhr.

Wer weiß nicht, was ein Fun Pub ist? Der muss dort hin gehen. Es gibt Shows mit *belly dance* (Bauchtanz), Gewinnspiele für das Publikum und Comedy-Shows mit ›*turkish wedding*‹ und Herren-Strip. Motto: was Raab kann, können Engländer besser!

Talk of the Town: Atatürk Cad., nahe dem Belediye-Gebäude, 8.30–23.30 Uhr.

Nachtclub mit einem Ableger der berühmten britischen Drag-Queen-Show – wer englischen Humor mag, wird auch diese Transvestiten-Comedy mögen.

Kino

Lidya Cinema (im Hotel Lidya) und **Netsel Cinema** (in der Marina): jeweils ab 21.30 Uhr, meist recht aktuelle Weststreifen in O-Ton mit türkischen Untertiteln.

Anfiteatro: der makellose Nachbau eines hellenistischen Theaters mitsamt Ehrenloge, Diazoma, Galerie – und ohne einen einzigen antiken Stein. Hier finden Musikveranstaltungen statt, vor allen zu den beiden Festivals in Marmaris (s. S. 14). Auf dem Hügel befindet sich auch eine ›Kervanserei‹, wo die ›Türkischen Nächte‹ veranstaltet werden, die man bei den Veranstaltern pauschal mit Anfahrt bucht.

Parken: Nahe dem Zentrum zu parken ist fast unmöglich. Am besten ins Tansaş-Parkhaus an der Hauptstraße U. Egemenlik Cad., Zufahrt über G.M. Muğlalı Cad.

Busse
İçmeler-Shuttle: alle 15 Min. ein Dolmuş ab Marmaris Dolmuş-Station; die Busse fahren entlang der Atatürk und K. Elgin Cad. und halten überall auf Handzeichen. Zentral-Stop für Altstadt ist vor der Sabancı-Schule.
Busverkehr: Ab Dolmuş-Station an der U. Egemenlik Cad. (hinter Tansaş-Supermarkt) zahlreiche Minibusse nach Turunç, Datça und zur Fernbus-Station *(Yeni Garaj,* M. M. Elgin Cad.). Ab dort Reisebusse Richtung Fethiye und Muğla/Bodrum.

Fähren
Etwa alle 30 Min. **Dolmuş-Boote** nach İçmeler, Abfahrt von den Anlegern Atatürk-Statue, Hotel Yavuz, Daisy Club und Hotel Lidya.
Ausflugsboote: zu zahlreichen Zielen, aber auch zum Schnuppertauchen, Bootspartys, Beach & Barbecue oder sogar Nachtfahrten ab Yeni Kordon.

Hydrofoils: In der Saison schnelle Tragflächenboote nach **Rhodos** (etwa 45 Min. Fahrt), Abfahrt hinter der Netsel Marina (über M. M. Elgin Cad. zu erreichen).
Reisebüros bieten auch Hydrofoil-Touren nach **Bodrum** (via Hafen Gelibolu/Çamlı, Richtung Cleopatra Beach, ca. je 1,5 Std. Fahrt) bzw. Bootstouren im **Gökova-Golf** mit Badestopp in English Harbour an.

Leihwagen
Bulut: Kenan Evren Bulv., gegenüber Hotel Grand Azur, Tel. 413 10 76, Fax 413 62 19.
Große Auswahl, auch Jeeps (veranstaltet selber Jeep-Safaris).

Bozburun-Halbinsel von A–Z

Bayır (F6)

Das 200-Seelendorf im Zentrum der Halbinsel ist als Imkerdorf berühmt geworden (Extra-Tour 5, S. 92). Und natürlich wegen seiner gewaltigen, angeblich 2000-jährigen Platane, die das gesamte Dorf zu überspannen scheint. Im Platan Lokanta kann man gut rasten und vom Aussichtsbalkon das halbe Dorf überschauen, wo z. B. ein Kühlschrank immer noch keine Selbstverständlichkeit ist. Vorsicht aber mit kleinen Kindern: Überall schwirren Bienen herum.

Bozburun (E7)

Der Hafenort auf der Westseite in einem geschützten Meeresarm gelegen, ist eine Hauptstation der ›Blauen Reise‹. Tagsüber herrscht dort eine schläfrige Idylle, die erst abends zum Leben erwacht, wenn sich die Kais mit den Gulet-Booten

Unter der uralten Platane von Bayır sitzen noch heute die Männer, um die wichtigen Dinge des Dorfes zu bereden

füllen. Da die Segler meist für nur eine Nacht bleiben, ist Bozburun nicht allzu touristisch. Dafür ist man ganz auf spezielle Bedürfnisse eingestellt: Man kann Blockeis kaufen, Sachen reinigen lassen, heiß duschen, Geld wechseln etc.

Old Fisher Restaurant Yaşlı Balıkcı: am Kai. Ein beliebtes Lokanta mit vorzüglichem Oktopussalat, reicher Vorspeisenauswahl, vielen Grillgerichten *(izgaralar)* und stets frischem Fisch.

Çiftlik (F7)

Seit dem Bau des Hotels Green Platan können auch klimatisierte Busse die Çiftlik-Bucht anfahren. Die Hotelgäste bleiben jedoch meist in ihrem Bezirk (mit beeindruckendem Aqua Park), daher lohnt ein Ausflug immer noch. Çiftlik ist nämlich die schönste Sandstrand-Badebucht der Bozburun-Halbinsel, die man per Straßenfahrzeug erreichen kann – beliebt auch bei Jachtseglern.

Rafet Baba'nın Yeri: Strandtaverne mit schattiger Gartenlaube und Fischbecken, wo man sich den Fisch lebend aussuchen kann. Hübsch eingerichtet mit Fischerutensilien, am Strand warten Liegen mit Strohschirmen, am Hausanleger ankern die Jachten der Reichen.

Honig: Auch hier am Strand werden die Spezialitäten der Halbinsel verkauft: verschiedene Sorten Honig, z. B. Pinie, Thymian, Eukalyptus, dazu auch Pistazien in Honig und Thymianöl, das gegen allerhand Krankheiten hilft.

Hisarönü (F6)

Das Dorf liegt weiter oberhalb in den Hügeln, aber am Strand werden jetzt immer mehr Hotels gebaut. Ein langer Sand-Kies-Streifen säumt die Küste, und im Vergleich zur geschlossenen Bucht von Marmaris/İçmeler ist das Wasser noch paradiesisch sauber. Der Tourismus ist aber auf einfachem

Niveau, sogar einen Campingplatz gibt es.

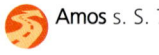 **UCPA Hotel:** am Strand, Buchung über Kirkit Voyage, Tel./Fax +99/212/512 05 47 (Istanbul), moderat.
Ein wahres Sporthotel (spezialisiert auf Surfen) geführt von der franzözisch-türkischen Gesellschaft Kirkit Voyage. Daher sind zumeist Franzosen da, sodass man auch noch sein Französisch gut aufbessern kann. Die Atmosphäre ist sehr nett, sehr jugendlich, dazu passen auch die eher schlichten Zimmer.

Kumlubük (F6)

Bis vor kurzem fuhren nur Badeboote zur Bucht von Kumlubük, doch inzwischen sind auch hier schon fünf Mittelklassehotels entstanden. Doch Bars, Kneipen oder Läden gibt es noch nicht, sodass die Strandebene einsam und ländlich geblieben ist. Die Felder werden noch beackert (zumeist mit Tabak), auf den Wiesen grasen die Kühe; morgens schreien Hähne und Esel um die Wette. Nur am Strand ist es nicht immer einsam, denn die Bucht ist ein beliebtes Ziel der Badeboote aus den größeren Ferienorten.

Amos s. S. 74

Maris: Kumlubük, Tel. 476 71 30, Fax 476 71 35, moderat/teuer.
Hübsche Anlage direkt am Strand mit großem, schattigen Garten, Pool, einem eigenen Jachtanleger, sogar einer Bar mit Mini-Tanzfläche gibt es. Das Motto ist: »Der Service ist nicht nach allen Regeln der Etikette, aber rasch und freundlich«, was angenehme Zeit verspricht. Umgangssprache ist Wiener Schmäh, das spricht der Wirt, das sprechen auch die Gäste, die zu fast 100% aus Österreich kommen (dort ist die Maris über In-Tour zu buchen).

Per **Boottaxi** ist Marmaris in etwa 60 Min. zu erreichen; umgekehrt fahren von Marmaris jeden Tag etliche Badeboote als Tagestour dorthin.
Dolmuş-Verbindung gibt es ab Marmaris/İçmeler nur bis Turunç, dort mit Taxi weiter.
Autofahren: Die Straße ist jetzt bis Kumlubük asphaltiert; Weiterfahrt nach Çiftlik oder Bayır nur auf Piste, sehr schwierig! Achtung: die letzte Tankstelle ist in Turunç, die nächste erst wieder im Seglerhafen Bozburun.

Loryma (E7)

Die hellenistische Festung der Rhodier auf der Spitze der Bozburun-Halbinsel südlich von Marmaris ist von dort nicht zu erreichen: Es gibt weder eine Straßen- noch eine Bootsverbindung. So sind dort die Segler der Blauen Reise unter sich. Von Datça aus kann man die Tour mit einer Charterjacht gut in zwei Tagen machen. Das Ende des 3. Jh. v. Chr. entstandene Kastell, dessen Wallmauer mit fünf Torbauten mehrere Meter hoch erhalten blieb, nennen die Türken Bozukkale (›Kaputte Burg‹), das gab auch dem Strand seinen Namen. Die Festung liegt nur 20 km Seestrecke von Rhodos entfernt und war in hellenistischer Zeit ein Wachtposten der Seemacht Rhodos, die auch große Gebiete auf dem Festland beherrschte (zwischen Bodrum und Fethiye).

Der Wasserfall von Turgutköy ist ein Ziel der großen Jeep Safari auf der noch ganz ursprünglichen Bozburun-Halbinsel

Orhaniye (F6)

Die Bucht ist bekannt geworden, weil man hier über eine *Kizkumu* genannte Sandbank quer hindurch spazieren kann wie weiland Jesus: maximal knöcheltief ist das Wasser im Sommer – doch gibt's viele Steine, an Badeschuhe denken!). Kehrseite dieser Medaille ist, dass das Wasser in der inneren Bucht zum Baden nicht sauber genug ist. Außerhalb, beim kleinen Snack-Restaurant *Deniz Sifir*, sieht es besser aus.

Selimiye (E6)

Der winzige Weiler in einer geschützten Ankerbucht ist bei Seglern sehr beliebt. So fährt man von Land über holprige Erdpisten, während die Fassade zur See gepflastert ist. Wer einen höchst pastoralen Urlaub verleben will (Ferien auf dem Bauernhof türkisch) kann hier auch in einfachen Pensionen unterkommen (z.B. *Motel Begovina*, Tel. 446 42 02). Und dann verbringt man seine Tage im *Nirvana Beach Restaurant* am Hafen mit Blick auf die Bucht, über die eine kleine Turmruine wacht.

Turgutköy

Das Dorf Turgut ist vor allem durch seinen hübschen Wasserfall, den *Turgut Şelalesi*, bekannt geworden. Der plätschert zwar nur wie ein mittleres Gebirgsbächlein, bewässert aber ein schattiges grünes Tal und speist einige Teiche, wo ganz Mutige auch Baden. Bei der Taverne *İsmail'in Yeri* gibt's *Gözleme* (eine Art Ravioli, aber mit kalter Joghurtsauce) und Forellen vom Grill.

 Muğla Halıcılık: an der Hauptstraße, Tel./Fax 486 82 50.
Die Teppichkooperative der Region Muğla bietet in großen neuen Bauten eine überaus große Auswahl und sachkundige Beratung (auch in Deutsch). Im Fall des Falles übernehmen sie auch zuverlässig den Versand.

Turunç

Lage: F6
Einwohner: ca. 2300
Vorwahl: 0252 (Provinz Muğla)

Zuerst kamen nur die Badeboote von Marmaris zum Strand von Turunç, doch inzwischen ist das Örtchen mit etlichen Hotels auch eine ruhige, noch ziemlich idyllische Alternative zur nahen Touristenhochburg. In fast atemberaubenden Steilkurven fährt man von der Hochebene hinunter zur schmalen Strandebene, wo sich die Hotels am langen Sandstrand aneinander reihen. Anstrengend könnte der Urlaub hier aber werden, wenn man in den Hotels am Steilhang unterkommt, denn da lernt man das Klettern wirklich.

Der **Ortsstrand** vor den Strandtavernen ist nicht schlecht, aber ziemlich voll, und den schönen Strand beim Turunç Hotel können nur die dortigen Gäste genießen. Per Badeboot (Abfahrt an der Mole beim Restaurant Çardak) zum **Amos Beach** (nicht allzu überlaufener Strand einer Apartmentanlage mit zwei schönen Tavernen) oder nach **Kumlubük** (s. S. 72) und **Çiftlik** (s. S. 71)

Bob Watersports: neben Hotel Diplomat. Banana, Ringos, Jet-Skis, Wasserski, Surfbretter, aber auch Tretboote und ein Meertrampolin. Info in der Bob Bar nahe Barbaros Aparthotel.

Amos: etwa 1/2 Std. zu Fuß an der Küste im Süden. Die antike Stadt Amos war ein größerer Außenposten von Rhodos, das seit dem 3. Jh. ein größeres Reich in Kleinasien beherrschte (*peraia*

genannt). Eindrucksvoll sind noch die Reste der Stadtmauer, die die Halbinsel absperrte, auch Trümmer eines Theaters und eines Tempels des Apollon Samnaios kann man entdecken.
Jeep-Safaris: mit verschiedenen Anbietern auf Entdeckungsfahrt zu den Dörfern der Bozburun-Halbinsel.
Weitere Touren s. Ausflüge von Marmaris, S. 66.

Info-Kiosk am Südende des Strands; besser bei Reiseagentur Yume an der Hauptstraße, Tel./Fax 476 72 86 (nach ›Lars‹ fragen, der heißt zwar in Wirklichkeit nicht so, spricht aber gut Deutsch und kann mit vielen Tipps aushelfen).

Gökçe Otel: Ortsausfahrt Richtung Kumlubük,
Tel. 476 70 63, Fax 476 73 54, günstig.
Sehr schön ruhig gelegen, das Dorfzentrum erreicht man dennoch in 5 Min. Das kleine Haus mit 25 Zimmer, Pool und Restaurant ist eine einfache, sehr familiär geführte Urlaubsidylle.
Özcan Hotel & Apart: zentral an der Dorfstraße, Tel. 476 71 44, Fax 476 70 36, moderat.
Moderner Bau mit Pool am Strand und riesigem Gummibaum vor dem Eingang, komfortabel und zentral. Für Familien: Die Familie vermietet auch Apartments (nahe Hotel Dilomat).
Turunç: hinter dem Ort Richtung Kumlubük, Tel. 476 70 24, Fax 476 70 32, teuer.
Großes, komfortables Pauschalhotel etwas außerhalb, das den schönsten Strandabschnitt (feiner Sand unter Palmen) besetzt. Mit Mini-Club für Kinder, Sauna, Wassersport und Tauchbasis.

Antik: am Weg zum Turunç Hotel und zur Kumlubük-Bucht. Hübsche Terrasse unter einem Olivenbaum. Es gibt türkische Pizza, aber auch Fisch vom Grill oder Lamm aus dem ›Erdtopf‹ (Römertopf).

Çardak: Beim Bootsanleger im Süden des Ortsstrands auf einem kleinen Felsvorsprung mit schönem Blick über die gesamte Bucht. Der Service ist sehr bemüht; die Küche, mit Spezialitäten wie gefüllten Calamari oder Midye Tava (Muscheln). Insgesamt eher internationale Küche.

Crown Restaurant: Kurz vor Çardak Restaurant. Natürlich, der Name lässt es vermuten: *very british!* Sonntags gibt's *Roast Beef & Yorkshire Pudding;* auch das *chicken curry* ist eine gute Abwechslung zur türkischen Küche.

Han: In der Ortsmitte, mit Holzveranda am Meer. Seit 1974 immerhin beständig gut und unprätentiös; viele echt türkische Spezialitäten.

Ottoman House: nahe dem Anleger. Eingerichtet wie ein osmanischer Konak mit Teppichen und Sofas – das ist zwar nicht sehr bequem, aber doch mal sehr authentisch osmanisch. Man serviert auch Lahmacun, Kebabs und Lamm aus dem Ofen.

Fidan Bar: Diese Bar mit Leuchtdelphinen, bequemen Korbstühlen (und Sportübertragungen auf Großbildschirm) ist fast noch das Aufregendste in Turunç. Von 19 bis 21.30 Happy Hour, dann gibt's die Drinks für die Hälfte.

Bob Bar: nahe Barbaros Aparthotel. Netter Treffpunkt; am Tresen nimmt man auf echten Reitsätteln Platz.

M 48: am Ende der Hauptstraße. Bislang die einzige Bar, die eine kleine Tanzfläche hat.

Dolmuş von/nach Marmaris und auch İçmeler 5 x tgl., 2 x tgl. nach Bayır.

Boot-Dolmuş nach İçmeler/Marmaris tgl. stündlich (in jeder Richtung); zu den Badebuchten weiter im Süden (Amos, Kumlubük und Çiftlik 3 x tgl. zwischen 9 und 19 Uhr.

Am Amos Beach bei Turunç

Nach Norden zur Mäander-Ebene

Euromos (D3)

Antike Stadt, die für ihren großen Zeus-Tempel berühmt ist, den besterhaltenen der West-Türkei. Zugleich ist er sehr einfach zu erreichen, denn die Hauptstraße nach Norden durchquert das Stadtgebiet genau. Vom Tempel stehen noch 16 Säulen aufrecht, auch Teile des Architravs sind noch erhalten: Wenn man wollte, könnte man den Bau mit den Trümmern sehr einfach komplett rekonstruieren. Es fehlt das Geld. Das war früher auch ein Problem. An manchen Säulen sind gemeißelte Inschriften zu erkennen, deren Text (»Ich bin von Kopf bis Fuß von ›soundso‹ bezahlt«) zeigen, dass ein Tempel oft ein Stiftungsbau reicher Bürger war, die sich so Nachruhm erkauften.

Çamiçi Gölü (C2)

Der früher Bafa Gölü genannte See ist eigentlich gar keiner, sondern der letzte Rest eines Meeresgolfs. Die Schlammfrachten des Mäander-Flusses haben ihn über die letzten 3000 Jahre zugeschüttet, so dass nur dieser Zipfel blieb

(s. Extra-Tour 3, S. 88). Wer viel Zeit hat, kann auch die Ruinen des antiken Herakleia auf der Ostseite besuchen. Hier vermischen sich antike Ruinen und das Alltagsleben des kleinen Dorfes Kapıkırı auf sehr reizvolle Weise.

Priene (B1)

Die antike Stadt auf einem Ausläufer des Samsun Dağı mit weitem Blick über die Mäander-Ebene zählt landschaftlich zu den schönsten Stätten der Westtürkei. Sehenswert ist vor allem der Athena-Tempel; vier der einst 34 Säulen stehen noch aufrecht. Beim Theater blieben die marmornen Sessel der Honoratioren erhalten, die in den öffentlichen Bauten an der Agora wie dem Prytaneion (dem Sitz des Magistrats) und dem Bouleuterion (der Ratshalle) die Stadtpolitik lenkten.

Şelale Restoran: Im Dorf Güllübahçe unterhalb von Priene. Man sitzt idyllisch am Forellenteich, den ein antiker Aquädukt speist.

Milet (B2)

Einst Hafenstadt, heute inmitten von Baumwollfeldern im Grundwasser versunken: Milet war im 6./5. Jh. v. Chr. eine der großen Metropolen der Westküste. Besonders eindrucksvoll ist das Theater für über 20 000 Zuschauer. Der Löwenhafen mit dem Hafenmonument ist ebenso wie die Nordagora mit einer ionischen Säulenhalle trockenen Fußes nur selten zu erreichen. Vorbei am Bischofspalast kommt man zu den Faustina-Thermen, deren voluminöse Ziegelmauern gut erhalten sind. Die İlyas Bey-Moschee etwas weiter wurde 1404 aus dem Marmor des antiken Milet erbaut.

Euromos: einer der besterhaltenen Zeus-Tempel der Türkei

Didyma (B3)

Den einst 24 m hohen Bau sollten 112 Säulen von 2 m Durchmesser in zwei Reihen umkränzen – doch fertig gestellt wurde das Monumentalwerk auch in über 500-jähriger Bauzeit nicht. Noch heute steht man ehrfurchtsvoll vor dem riesigen ›Erscheinungsfenster‹ der Vorhalle, deren Säulenstümpfe vier Männer kaum umfassen können. Normale Sterbliche durften den Innenhof, zu dem Tunnel an beiden Seiten führen, nicht betreten. In diesem Hof stand ein Tempelchen mit der Kultstatue, wo die Priester opferten und ihre Weissagungen erhielten. Didyma war nämlich eines der großen Apollon-Orakel der griechischen Welt.

Souvenir-Shops: Rund um den Tempel werden Teppiche und Arbeiten aus Onyx-Stein verkauft. Mit etwas Handeln wird das viel billiger als in Bodrum – und hier kann man noch handeln!

Busverbindung: Von Bodrum nach Milas, dort umsteigen nach Söke, von dort per Dolmuş nach Güllübahçe und weiter Richtung Didim-Altınkum, die

Hotelsiedlung südlich des Didyma-Tempels.

Auto & Fähre: Mit eigenem Pkw kann man in Didim/Altınkum übernachten und die Fähre (morgens gegen 9 Uhr) nach Torba/Bodrum nehmen; für das Auto am Abend schon reservieren!

Ephesos/Selçuk

Lage: nördlich B1
Einwohner: 20 000
Vorwahl: 0232

Das antike Ephesos ist heute die sehenswerteste Ausgrabungsstätte der Türkei. In römischer Zeit erlebte die Hafenmetropole als Hauptstadt der Provinz Asia ihre Blütezeit; die Versandung des Hafens erzwang in byzantinischer Zeit dann die Verlagerung ins Inland, wo nun das Städtchen Selçuk als Nachfolgesiedlung steht.

Um neben dem Grabungsgelände der hellenistisch-römischen Stadt auch den ›Siebenschläferbezirk‹, den Artemis-Tempel, die byzantinische Johannes-Kirche und das ›Marienhaus‹ zu sehen, benötigt man einen ganzen Tag. Die

organisierten Touren der Reisebüros bieten das nicht, sondern
meist eine Kombination mit Pamukkale, die große Hektik er-
zwingt. Das lohnt sich nicht mehr,
denn in Pamukkale sind die Terrassen gesperrt und die Hotels auf
dem Plateau abgerissen. Besser
einen Tagesausflug nach Ephesos
auf eigene Faust planen!

Stadtgelände: Tgl. 8.30–18 Uhr,
Eintritt bis 16.30 Uhr.

Am Kiosk gibt es einen Faltplan
mit Erläuterungen zu den einzel-
nen Bauten. Herausragend sind
das Ende des 1. Jh. vollendete
Theater – mit einem Fassungsver-
mögen von 25 000 Zuschauern
das größte der Türkei –, die Cel-
sus-Bibliothek mit ihrem wunder-
baren Skulpturenschmuck und die
Kuretenstraße mit dem Hadrian-
Tempel. An ihrem Ende die Staats-
agora mit dem Prytaneion, dem
Sitz der Magistratsbeamten.

Artemision: Vom Tempel der Artemis von Ephesos, einst als eines
der sieben Weltwunder gerühmt,
steht nur noch eine Säule nördlich
der Straße nach Selçuk. Das Heiligtum barg die ›vielbrüstige‹ Arte-
mis-Statue (es handelte sich jedoch um die angehängten Hoden
geopferter Stiere) und war das bedeutendste antike Wallfahrtsziel
Kleinasiens. Richtung Burgberg
sieht man die İsa Bey Camii, 1375
aus dem Material des Artemisions
erbaut.

Johannes-Basilika: Tgl. 8.30–17. 30
Uhr. Auf dem Hügel des heutigen
Selçuk ließ Kaiser Justinian um
550 n. Chr. über dem vermuteten
Grab des Evangelisten Johannes
eine riesige Kirche bauen, die
heute in Trümmern liegt.

Die Blaue Reise

Ein gut Teil des Tourismus an der türkischen Küste spielt sich auf dem
Wasser ab: Segeltörns in der Ägäis – wer träumte nicht davon – werden
relativ erschwinglich angeboten. Hier nennt man so etwas *mavi yolculuk,*
die Blaue Reise. Die modernen Marinas von Bodrum und Marmaris bieten Ankerplätze für fast 2000 Jachten. Hat man nicht das Glück (oder
Geld), eine eigene Jacht zu segeln, fährt man mit einem türkischen
Gulet-Boot. Dies sind zweimastige Ketschs, die in Marmaris oder Bodrum nach den alten Handwerkstechniken aus Holz gebaut werden. Sie
sind ca. 12 m lang, bieten in Zweier- und Viererkabinen Platz für acht bis
zwölf Personen, dazu Dusche, Küche und ein breites Deck fürs Sonnen-
bad. Trotz voller Takelage fahren sie bei Touren mit nautischen Anfän-
gern jedoch meist per Motorkraft und nicht im Wind.

Praktisches: Mit eigener Jacht (unter nicht-türkischer Flagge) erhält man
für 25 US-$ ein Transitlog, mit dem man drei Monate in türkischen Ge-
wässern kreuzen kann (es verliert aber beim Anlaufen eines griechischen
Hafens seine Gültigkeit). Mit einem Segelschein der Klasse B kann man
ab etwa 800 DM pro Tag Jachten ohne Kapitän *(bare boats)* chartern.
Nicht-Segler können Wochentouren auf Booten mit Mannschaft auch
über die Reisebüros zuhause buchen, Adressen von Jachtcharter-Agen-
turen jeweils in den Ortskapiteln.

Lauter scharfe Sachen: auf dem Markt in Milas

Archäologisches Museum: Am Ortsrand von Selçuk Richtung Artemision, tgl. 8.30–17 Uhr. Statuen und Kleinfunde aus den Grabungen. Herausragend: die Fresken aus den Hanghäusern und die berühmten Artemis-Statuen.

 Beim Archäologischen Museum, Tel. 892 63 28.

Kale Han: Hauptstraße bei der Shell-Tankstelle, Tel. 892 61 54, Fax 892 21 69, moderat.
In einem restaurierten Haus mit hübschem Gartenidyll; einfach, aber geschmackvoll und mit Pool.

Turban Restoran: Bei der Post. Abends, wenn die Touristen weg sind, findet man hier in den Gassen des Zentrums typisch türkische Kleinstadtidylle.

Bus: von Bodrum nach Milas, dort mit einem Fernbus Richtung Izmir bis Selçuk; oder per Dolmuş zum Ephesos-Gelände.

Auto & Fähre: s. Mäander-Ebene, S. 76

Milas

Lage: D3
Einwohner: 34 0000
Vorwahl: 0252 (Provinz Muğla)

In der Kleinstadt im Inland geht das Leben noch ganz seinen traditionellen Gang. Doch kann Milas auf eine Geschichte von über 2500 Jahren zurückblicken. Das antike Mylasa war die bedeutendste Stadt des Volksstammes der Karer und seit Ende des 5. Jh. Residenz der Maussollos-Familie, die als persische Satrapen die Region zwischen Herakleia und Kaunos beherrschte (s. S. 86). Über 1500 Jahre später residierten ganz in der Nähe, südlich bei Beçin Kale, die Emire der nach-seldschukischen türkischen Menteşe-Dynastie, die 1280–1428 im Südwesten Kleinasiens herrschten.

🔶 Ausflüge

Archäologisches Museum: Tgl. außer Mo 8–12, 13–17 Uhr. Grabungsfunde aus Milas und von Stätten der Umgebung, z. B. Euromos, Labranda, Iasos oder Stratonikeia.

Uzun Yuva: Gegenüber dem Museum. Die einzelne korinthische Säule gehörte zu einem römerzeitlichen Zeus-Tempel.

Baltalı Kapı: Im Viertel östlich vom Museum. Gemauerter Torbogen, der mit einer kleinen Doppelaxt verziert ist: Das war das Symbol des auf die Bronzezeit zurückgehenden karischen Hauptgottes, der später nach griechischem Vorbild einfach Zeus genannt wurde.

Gümüşkesen: Am Fuß der Hügel im Westen. Das ›Silberkästchen‹ ist eine Miniaturkopie des zerstörten Mausoleions in Bodrum. Eindrucksvoll vor allem die kunstvolle Skulpturarbeit an der von Säulen getragenen Decke.

Wochenmarkt: Sehr bunter traditioneller Markt jeden Di am Altstadtrand nahe der Firuz Bey Camii (einer osmanischen Moschee von 1394).

Dalyan/Kaunos

Lage: H6
Einwohner: 1500
Vorwahl: 0252 (Provinz Muğla)

Der See von Köyceğiz zählte einmal zu den schönsten Naturlandschaften der Türkei, in dem zahlreiche Tier- und Vogelarten ihre Rückzugsquartiere fanden. Zur See hin ist er durch eine Lagune mit Schilfdickichten abgesperrt, an deren Rand das Dörfchen Dalyan und die antike Stätte Kaunos liegen. Dalyan wurde bekannt, als hier Umweltschützer ein großes Hotelprojekt verhindern konnten, um die Niststrände der Meeresschildkröte *Caretta caretta* zu retten. Genützt hat es letztlich kaum, denn heute macht man in Marmaris und selbst in Bodrum Werbung für Dalyan mit mystischen Schlagworten wie ›African Queen‹ oder ›Tombs of the Kings‹: Alle wollen da hin, und so knattern zur Saison die Boote der Fischerkooperative im 5-Minutentakt durch das Delta. Mehr und mehr Kleinhotels fressen sich in die Landschaft, die Naturschutzbestimmungen werden immer weiter ausgehöhlt. Bei der Fahrt durch das Schilf atmet man die Dieselabgase der vorderen Boote, selbst auf den Pflanzen liegt im September dicker Dieselschmier. Fazit: Es gib Besseres, was man mit seiner Zeit und seinem Geld anfangen kann.

Rhodos

Lage: F8
Einwohner: 50 000

Rhodos, die viertgrößte Insel Griechenlands, ist mit Tragflächenbooten *(Hydrofoils)* gut und schnell zu erreichen – und der Ausflug lohnt wirklich, denn dies ist eines der großen Highlights des Mittelmeertourismus.

In hellenistischer Zeit war Rhodos die wichtigste Handelsmacht der Griechen und kontrollierte auch das ganze südwestliche Festland. Im Mittelalter wurde Rhodos als Stammsitz des Johanniterordens von 1309–1522 berühmt, der die Hauptstadt zu einer mächtigen Festung ausbauen ließ. Dann fiel sie nach achtmonatiger Belagerung an die Osmanen, die den alten Baubestand aber kaum antasteten. So konnten die Italiener, die Rhodos 1912–47 übernahmen, die ganze Stadt im gotischen Zustand restaurieren. Heute ist Rhodos eine große Tourismusurbanisation wie Bodrum und Marmaris, die sich rund um die Altstadt mit ihren intakten mittelalterlichen Mauern und Gassen erstreckt.

Stadtbummel: Sehenswert ist vor allem die Ritterstraße mit den ›Herbergen‹ der Ritter und dem Großmeisterpalast sowie die Odos Sokratous, die große Einkaufsmeile der Stadt.

Interessante Ausstellungen bietet das **Archäologische Museum** im alten Ordenshospital, aber auch der **Großmeisterpalast** (beide tgl. außer Mo 8–15, in der Hochsaison 8–20 und Mo 12.30–19 Uhr).

Info-Büro: Gegenüber Néa Agorá; in der Saison Mo–Sa 8.30–18.30 Uhr. Kein Stadtplan erhältlich, man kann aber günstig einen kaufen (um sich im Gassengewirr nicht zu verirren!). **Geldwechsel** mit EC-Karte oder bei Reisebüros, ab 2002 gilt der Euro.

Essen gehen: Auch kulinarisch bieten die zahllosen Tavernen einiges, sehr schön etwa an der **Platia Martiron Evreon** mit dem Seepferdchenbrunnen oder an der **Odos Orfeos** nahe dem Großmeisterpalast. **Achtung:** Die Lokale an der zentralen Platia Ippokratous sind extrem teuer! Einfache Gyros-Buden findet man innen in der sehr idyllischen **Nea Agora,** einer von den Italienern gebauten Markthalle.

Mehrmals wöchentlich mit **Schnellbooten** (Hydrofoils) ab Marmaris (ca. 45 Min.) und auch Bodrum (ca. 2 Std.). Jedoch nur Tagestouren, Übernachtung ist nach dem internationalen Charterabkommen nicht möglich. Personalausweis reicht aus.

Das freut den Leierkastenmann: An der Platía Ippokratous kommt beim Stadtbummel durch Rhodos-Stadt jeder vorbei

Farmakoníssi
(Farmoko Adası)

Altınkum Plajı

Panayır Adası

Bozrük

Güllük Körfezi

Kazıklı Limanı

Teke Br.

Ka

Bodrum – Das St-Tropez der Ägäis

Fener Adası

Küçüktavaşan Adası

Salih A

Kızılyar Br.

İnce Br.

Türkbükü

Gök B

Myndos – Idyllische Bucht mit romantischen Fischtavernen

Bahçe

Gündoğan

Gölköy

Küçük Br.

Yalıkavak Limanı

Yalıkavak

Terba

Pitta

Samanlık

P a z a r   D a ğ ı

Burun

Küçük Kiremit Adası

Girel Kale

Kalólimnos

Myndos

Gümüşlük

Yaka

Ortakent

Halikarnassos

Bod

Çavuş Adası

Güreis

Poúnda

Çatal Adası

Kadıkalesi

Yahşi

Yalısı

Bitez

Gümbet

a

608 m

Akr. Atsipás

Turgutreis

Akçaalan

Karga 390 m

Camel Beach

Ada Br.

İç Adası

Arcem

Vathís

Psérimos
(Pserimos Adası)

Bağla

Akyarlar

Karaincir

Koca Br.

Karaada

mnos
thia)

Akr. Chalí

268 m

Pláti

Psérimos

Gümbet – di Party-Szene

órgios

Akr. Roússa

Akr. Ammoudiá

Lámbi

rlar – Einfache Tavernen vor traumhaftem Sandstrand

Tigáki

Kós

Akr. Loúros

Marmári

Zipári

Platáni

Paradísi

Akr. Ág. Fokás

Mastichári

Paléo Pilí

Pilí

Asklipieion

Evangelístria

82

EXTRA-

Fünf Touren für den Entdeckungsurlaub

1. Auf den Spuren der Kreuzritter: Die Bodrum-Burg und das Museum zur Unterwasserarchäologie

2. Im Reich des Maussollos: Von Bodrum nach Myndos, Milas, Labranda und Alinda

Touren

3. Das verschwundene Meer: In der Ebene des Mäander zu den großen Sehenswürdigkeiten Didyma, Milet und Priene

4. Kopftuch, Basar und Traditionen: Zum Markt in Muğla

5. Imkerdörfer und Jeep Safari: Traditionelle Dörfer auf der Bozburun-Halbinsel südlich von Marmaris

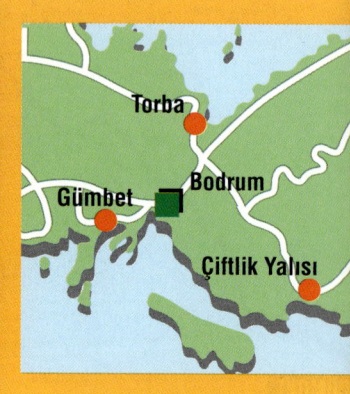

Auf den Spuren
der Kreuzritter:
Die Bodrum-Burg

Grau, wuchtig, fast bedrohlich – so steht das Kastell St. Peter über der weiten Bucht, ein Zeichen europäisch-gotischer Ritterherrlichkeit unter der Sonne des Orients. Auch Besichtigungsmuffel sollten hier nicht abseits stehen, denn hier sind heute die besten Ausstellungen der gesamten Westtürkei zu sehen. Sogar aus Datça (per Fähre, s. S. 57) oder aus Marmaris (per Hydrofoil, s. S. 70) würde ein Ausflug durchaus lohnen – allerdings nicht montags, denn dann ist die Burg geschlossen.

Vom Haupttor am Hafen führt eine Rampe mit flachen Stufen empor (die Ritter pflegten hier hoch zu reiten). Sie bildet den Auftakt für eine ausgeklügelte Eingangsanlage mit Graben, Brücken und abknickenden Durchgängen. Das erste Tor trägt die Tuğra (das Siegel) von Osman II. Mahmut (reg. 1808–39), der die Burg renovieren ließ, die Pforte dahinter das Wappen des Großmeisters Jacques de Milly (1454–61). Auch sonst wimmelt es von Ritterwappen: 249 Stück hat man gezählt.

Im Burghof beginnt die Ausstellung zur Unterwasserarchäologie, die das Museum berühmt gemacht hat. Links unter dem Vordach sind antike Amphoren gelagert, die zumeist von Schwammtauchern entdeckt wurden. Gegenüber, in der ehemaligen Burgkapelle, werden Werkzeuge und andere Kleinfunde, aber auch ein begehbares Teilmodell eines römerzeitlichen Transportschiffes in Originalgröße gezeigt – für Kinder eine echte Sensation.

Die nächste Halle zeigt in einer Ausstellung Funde verschiedener Schiffswracks, die das von George Bass, dem Vater der Unterwasserarchäologie, begründete türkisch-amerikanische Taucherteam seit den 1980er Jahren entdeckt hat. Spektakuläre Funde waren etwa das Wrack von Finike aus dem 12. Jh. v. Chr. und das Uluburun-Wrack aus dem 14. Jh. v. Chr. Beide bewiesen mit ihrer Fracht, z. B. Kupferbarren in Stierhautform aus Zypern, mykenische Bronzeschwerter, ein Skarabäus der Königin Nofretete, Elefantenelfenbein aus Afrika und Bernstein aus dem Ostseeraum, die unerwartet weit gespannten Handelsbeziehungen dieser Zeit.

In den Gewölben der Bodrum-Burg gibt es viel zu entdecken

Besonders schöne Funde zeigt die ›Glass Hall‹ im ehemaligen Rittersaal: Glaskugeln aus dem 14. Jh. v. Chr. (der Zeit, als Herakles lebte), Glas aus frühislamischer Produktion und römische Ware. Ein Modell der Unterwassergrabung von Yassı Ada zeigt die logistischen Anforderungen an ein solches Unternehmen, das keine ›Schatztaucherei‹ sein darf, sondern eine saubere wissenschaftliche Dokumentation der Funde leisten muss.

Dann geht es in den oberen Burghof hinauf. Linkerhand der **Yilanlı Kule** (Schlangenturm) mit einer Ausstellung zum Gesundheitswesen der Antike. Der **Deutsche Turm** dahinter wurde 1437–40 gebaut und von den deutschen Rittern des Ordens unterhalten. Er gehört zu den frühesten Türmen, war wahrscheinlich die Hauptbastion der ersten Burganlage, der später die anderen Vorwerke vorgelagert wurden. Wenn man hier seitlich die Treppe emporsteigt, erkennt man in den Mauern zur Stadt hin auch noch die grünen Steine des antiken Mausoleums, das die Ritter so gut wie komplett abtrugen, um ihre Burg zu erweitern. Weiter nach Osten kommt man zu den gruseligen Resten eines **Massengrabes** von Galeerensklaven des Ordens. Beim Deutschen Turm findet sich die Cafeteria, wo man schön im Schatten sitzen kann.

Nächste Station ist die **Oberburg,** die wahrscheinlich auf den Fundamenten der antiken Palastfestung des Maussollos ruht. Hier folgt der Höhepunkt des Rundgangs: die Sonderausstellung zum **Grab der karischen Prinzessin** im Hauptdonjon der Burg. In einem Saal im dorischen Stil der Zeit werden die Funde aus einem Anfang der 1990er Jahre entdeckten Grab gezeigt, in dem eine hohe Dame aus dem Jahrhundert von Maussollos und Alexander ruhte. Die Gesichtszüge der Toten wurden von britischen Gerichtsmedizinern nach modernsten Verfahren rekonstruiert, eindrucksvoll auch der filigrane Goldschmuck der etwa 50-jährigen Dame. Etwas unterhalb, in der Südostecke liegt der **Englische Turm,** wo ein Bankettsaal mit Rüstungen und Waffen eingerichtet ist. Hier feiern türkische Politiker schon mal gern ihre Geburtstage. **Öffnungszeiten** s. S. 29, Rundgang mindestens 3 Stunden.

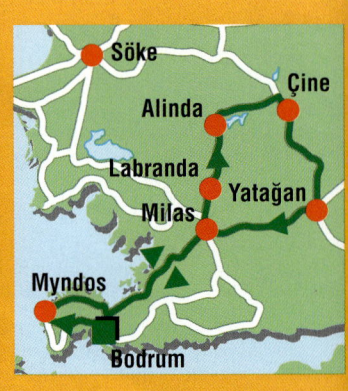

Im Reich des Maussollos

Sun & Fun in der Party-Stadt: Wer mag sich da schon um Geschichte kümmern? Doch hat diese Geschichte, die des Königs Maussollos, fast etwas Märchenhaftes. Er war ein Sohn des karischen Fürsten Hekatomnos aus Mylasa (heute Milas), der vom Perserkönig zum Satrap, also Provinzverwalter, erhoben worden war. Als Maussollos 377 v. Chr. selbst Satrap wurde, verlegte er den Regierungssitz nach Halikarnassos, heute Bodrum.

Dort beginnt auch unsere Tour und zwar bei seinem Grabmal, dem **Mausoleion** (s. S. 29). Dieses gigantische Grab soll 50 m hoch gewesen sein und übertraf alles, was man nördlich von Ägypten bis dato gebaut hatte. Gerühmt von den Zeitgenossen wurde aber vor allem der Skulpturenschmuck, den die drei berühmtesten griechischen Künstler der Zeit schufen. Vor Ort sind nur noch Abgüsse des ›Amazonenschlacht-Frieses‹ zu sehen: Dies war der Kampf des Ioners Theseus zusammen mit dem dorischen Herakles gegen die Amazonen, die ›Eingeborenen‹ Kleinasiens: das Bildprogramm,

wie üblich schon zu Lebzeiten des Maussollos entstanden, verdeutlichte dessen Herrschaftsanspruch über den ionisch besiedelten Norden (bei Milet) und den von Dorern besiedelten Süden (Rhodos).

Die Hafenstadt Halikarnassos bestand zwar schon, als Maussollos hierher zog, doch er befahl den systematischen Ausbau zu einer Metropole: Eine gewaltige Stadtmauer wurde gebaut (als Rest das Myndos-Tor, s. S. 30) und alle Menschen aus umliegenden Orten zwangsumgesiedelt. Ein Opfer dieser Politik war **Myndos,** etwa 22 km westlich an der Küste (s. S. 46). Von der Umsiedlungsaktion hat der Ort sich nie erholt und nur wenige Mauern nördlich der Bucht erinnern an die antike Siedlung.

Parallel zum Ausbau seiner Residenzstadt und dem Aufbau intensiver Beziehungen zur griechischen Welt versuchte Maussollos, das Joch der Perser abzuschütteln. Geschickt lavierte er zwischen den Fürsten des Satrapen-Aufstands von 366 v. Chr. und der Zentralmacht des schwachen Perserkönigs Artaxerxes II., so dass er sein Gebiet vergrößern konnte. 357 unterstützte er den Abfall der Bundesgenossen Athens, worauf-

Ein schattiges Plätzchen: das antike Theater von Priene

hin sich auch Kos und Rhodos unter seine Hegemonie begaben.

Auf der Höhe seiner Macht begann er die Arbeit an seinem Grabmal, das die Nachwelt so beeindruckte, dass dessen Name, lateinisch Mausoleum, bis heute in Gebrauch blieb. In **Milas** (s. S. 79), der Stadt seiner Dynastie, erinnert nur noch das Baltalı Kapı, das ›Tor mit der Doppelaxt‹, an seine Epoche: Es markiert südlich vom Archäologischen Museum die ehemalige Stadtgrenze. Die Doppelaxt war das Zeichen des Karischen Zeus, eines uralten Wettergottes unbekannten NameNs, der von den Griechen nach seinem Symbol Zeus Labrundos genannt wurde (von *labrys* = Doppelaxt).

Die Karer waren ein altanatolisches Volk, das wohl schon seit dem 2. Jahrtausend v. Chr. im südwestlichen Kleinasien ansässig war. Ihr zentrales Heiligtum war das hoch in den Bergen gelegene **Labra(u)nda** (ca. 15 km). Unter Maussollos wurde die uralte Kultstätte zu einem großen Tempelbezirk ausgebaut. Damals entstanden die Maussollos-Stoa und die Propyläen mit einem 12 m breiten Treppenbau, dem Endpunkt der Prozessionswege nach Mylasa und Alinda. Letztere war neben Mylasa die wichtigste Stadt der Karer.

Nach **Alinda** (18 km Piste) musste sich Ada, eine jüngere Schwester und Nachfolgerin des Maussollos, in den langen Thronwirren nach dessen Tod 353 v. Chr. zurückziehen. Von dort korrespondierte sie übrigens mit Aristoteles, der am makedonischen Hof den jungen Alxander unterrichtete. Als Alexander 334 v. Chr. beim Perserzug nach Karien kam, setzte er Ada dann wieder als Regentin ein.

Heute sind in Alinda, oberhalb des Dorfes Karpuzlu, noch eine imposante, 100 m lange Markthalle, ein Theater sowie ein Turm der Stadtmauer zu sehen. Die letzte Station wäre interessant, ist aber zu weit entfernt. Im British Museum in London sieht man die Statue des Maussollos, die oben auf dem Mausoleion stand: Sie zeigt einen etwa 45-jährigen Mann mit zurückgekämmtem Haar und energischem Blick. Energisch und skrupellos soll er wirklich gewesen sein: Zum Bau des Grabmals erließ er z. B. eine Sondersteuer für alle Männer, die lange Haare trugen...
Gesamtlänge: 250 km

Das verschwundene Meer: In der Ebene des Mäander

Thales von Milet, der Mathematiker, würde sein Land nicht wieder erkennen. Wo Meer war, ist heute Land, aufgeschüttet in kaum 2500 Jahren vom Büyükmenderes, dem antiken Mäander. Letzter Rest jenes einstmals gut 40 km langen Latmischen Meerbusens, der sich zwischen Priene und Milet erstreckte, ist der Çamiçi Gölü unterhalb des Latmos-Gebirges (heute Beşparmak oder Tekke Dağı).

Fährt man von Bodrum mit dem Mietwagen, sind die drei großen antiken Stätten des südlichen Ioniens sogar mit der Fähre zu erreichen, man kann sich die lange Strecke über Milas also sparen. Die Kleinfähre von Torba nach Didim/Altınkum (s. S. 38) bietet auch Platz für einige Pkw (Reservierung ist aber nötig). Da sie jedoch abends fährt, muss man eine Übernachtung stets einrechnen. Altınkum ist ein belebtes kleines Hotelstädtchen, dort bekommt man immer auch günstige Pensionszimmer.

Den Namen Didim hat der Ort vom antiken **Didyma-Tempel**, 7 km nördlich, der einmal das bedeu-tendste Orakelzentrum Westkleinasiens war (s. S. 77). Schon zu Homers Zeit verehrte man dort an einem Lorbeerhain Apollon und Artemis, die göttlichen Zwillinge (gr.: *didymoi*), die hier von Zeus und Leto gezeugt worden sein sollen. Die Stätte lag um 1100 v.Chr. noch auf einer weit ins Meer vorspringenden Halbinsel und dürfte einer der ersten Orte gewesen sein, wo sich Griechen aus dem Westen im Zuge der Ionischen Kolonisation festsetzten. In den Perserkriegen wurde das Heiligtum zerstört und die Priester in den Osten des Perserreichs nach Afghanistan deportiert. Danach aber entstand mit Spenden aller Mächtigen von Alexander dem Großen bis zu den Kaisern Roms einer der monumentalsten Tempel Kleinasiens.

Ein heiliger Prozessionsweg verband Didyma mit **Milet** (s. S. 76); die heutige Straße entspricht diesem zum Teil. Dass Milet einst Hafenstadt war, ist selbst vom Theaterhügel kaum mehr zu erkennen — doch folgt der Lauf des Büyükmenderes ziemlich exakt der antiken Küstenlinie. Die Stadt selbst hingegen, deren Philosophen zur Blütezeit des ionischen Griechentums (6./5. Jh. v. Chr.) eine große Rolle

Ganz schön riesig: der Didyma-Tempel nahe bei Milet

bei der Entwicklung der Naturwissenschaften und Mathematik spielten, ist durch gestiegenes Grundwasser in einen Sumpf verwandelt. So ist auch eine ihrer vielen Kulturleistungen nicht mehr zu erkennen: der gitterartige Straßenplan, entwickelt vom Baumeister Hippodamos von Milet, dem noch die moderne Stadtplanung folgt.

Nun nach **Priene**! Schwer ist es nicht, sich vorzustellen, man führe übers Meer. Plan und platt dehnen sich die Felder, zwischen denen Hunderte von Störchen staksen. Ein einziger Hügel wird passiert: die antike Insel Lade, bei der die vereinigte Flotte der Griechen 496 v. Chr. von den Persern vernichtend geschlagen wurde. Priene (s. S. 76) wurde danach zerstört und erst über 100 Jahre später erhöht am Hang des Samsun Dağı neu errichtet. Kulturhistorisch ist sie ein Glücksfall: Viele Bauten stammen – anders als bei den meisten antiken Stätten der Türkei – noch aus vorrömischer Zeit, und der hippodamische Straßenplan ist trotz des Hanggefälles gut zu erkennen.

Unterhalb von Priene liegt das Dorf Güllübahçe, dort kann man sehr schön im Şelale Restoran am antiken Aquädukt einkehren. Bleibt genug Zeit, sollte man über **Söke** zurückfahren. Hier sitzen die großen Baumwollproduzenten, denen die gewaltigen Felder in der Mäander-Ebene gehören und denen Söke den Beinamen ›Stadt der Baumwollkönige‹ verdankt. Zur Erntezeit im Juni steht am Straßenrand eine lange Kette von Zelten aus Plastikplanen: Dort hausen Tagelöhner aus dem Osten, die das weiße Gespinst pflücken.

Söke liegt an der nördlichen Uferlinie der Antike, 30 km südlich beginnt der **Çamiçi Gölü** (früher Bafa-See). Zur heutigen Küste sind es von hier wiederum 15 km: Eine unvorstellbare Fläche hat der Fluss zugeschüttet und so aus einer Bucht einen Süßwassersee gemacht. Kaum vorstellbar auch, dass Alexander der Große hier noch mit dem Schiff fahren musste, wo nun der Rohstoff für unsere T-Shirts wächst. Die Hänge am See säumen über Kilometer Ölbäume; eine Rast lohnt bei den *Lokantalar* am Ufer, die frische Seefische servieren.

Gesamtlänge: 122 km bei Fährfahrt hin und zurück (zwei Übernachtungen nötig). 396 km bei Fahrt über Milas.

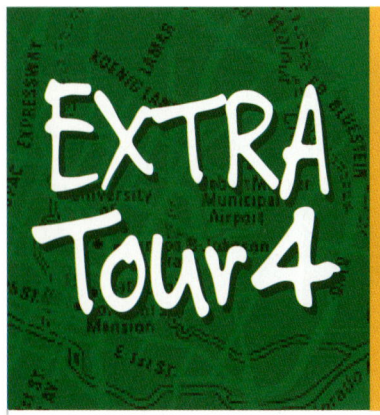

Kopftuch, Basar und Traditionen – zum Markt nach Muğla

Die Küstenstädte für die Urlauberschar zählen zu den modernsten Ecken der Türkei und die meisten Einwohner kleiden sich ganz nach Atatürks Maxime immer so wie die Westler. Manch einer fährt daher enttäuscht nach Hause, weil er die romantischen Bilder der Reisemagazine nicht wieder gefunden hat.

Doch schon wenige Kilometer im Hinterland gehen die Uhren ganz anders: Da begegnen einem noch Eselreiter und liebevoll bemalte Pferdewagen, da tragen die Frauen noch Kopftuch, kein Mann wagt es, in Shorts aus dem Haus zu treten. Und in den Läden haben Knorr und Oetker noch nicht die Herrschaft angetreten. So ein traditionelles Städtchen ist etwa Muğla, das 60 km nördlich von Marmaris an der Straße nach İzmir liegt. Die Strecke ist gut ausgebaut und bietet beim 775 m hohen Çiçekbeli-Pass eine tolle Aussicht über den Golf von Gökova. Auch Gefahr für Leib und Börse droht keinesfalls: Die Menschen sind freundlich, nett und Sitte und Anstand noch sehr verpflichtet.

Am besten macht man eine solche Tour am Donnerstag, wenn in Muğla der große Wochenmarkt am Ostrand der Altstadt stattfindet (von der Zufahrtstraße aus Richtung Marmaris kurz vor dem Zentralkreisel nach rechts abbiegen). Spätestens gegen 11 Uhr sollte man ankommen, denn gegen 13 Uhr ist Schluss. An diesen Tagen sind die Gassen rings um die Karamuğla Caddesi vollgestellt von den Waren, die ein türkischer Haushalt so braucht. Auch hier gibt es gefälschte Markenmode in Billigqualität zu Billigstpreisen, daneben aber auch handgeschmiedete Scheren, Bienenhonig vom Bergbauern, Oliven in unzählbar vielen Sorten, Schafskäse, Gemüse, Obst – da kann man stundenlang stöbern. Wer auch kaufen will, bedient sich am besten der Fingersprache, viele Jüngere können aber auch schon einige Worte Englisch oder Deutsch.

Vom Marktgelände geht man über Mustafa Muğlalı Caddesi ins Zentrum und passiert dabei das **Muğla-Museum** (tgl. außer Mo 9–12, 13–17 Uhr). Dort werden im Hof zahlreiche antike Skulpturwerke, zum Teil von römischen Grabmälern gezeigt. Daneben gibt es

Osmanischer Brunnen, noch heute in Gebrauch: in Muğla

eine interessante ethnographische Sektion mit kostbar bestickten Trachten aus dem 18. und 19. Jh., Waffen, Webwaren und Fotos einiger der traditionellen Häuser von Muğla. Ein Untergeschoss aus Stein, ein Obergeschoss aus Holz: dies war die typische Bauweise der Konaks der wohlhabenden türkischen Stadtbevölkerung.

Viele Konaks dieser Zeit sind noch intakt und werden genutzt, ein schöner, restaurierter Bau, der **Konakaltı** gegenüber dem Museum, dient heute als Kulturzentrum. Geradeaus kommt man zur İsmet İnönü Caddesi, hinter der das Handwerkerviertel mit seinen kleinen Holzhäuschen beginnt.

Hier wird noch geschmiedet und riesige Kupferschüsseln nach Gewicht verkauft, Seiler bieten ihre Produkte an. In den Stoffmarktgassen liegt Ballenware aus, daneben arbeiten Schneider, die daraus Kleider machen. Obwohl auch hier wie überall in der Türkei der Einbruch der Fabrikwaren unübersehbar ist, blieben doch Berufe und auch die traditionelle Gliederung des Viertels nach Berufszweigen erhalten.

Schön ist auch der osmanische **Yağcılar Han** an der Kurşunlu Cad-

desi: Der ›Han der Ölhändler‹ wurde 1992 hübsch renoviert und bietet nun unter schattigen Platanenbäumen einen Teegarten, moderne Lädchen für Gold und international Mode sowie ein Teppichgeschäft. Die **Ulu Cami** etwas unterhalb entspricht der Form der Holzverandenmoscheen im Tulpenstil des 17. Jh. Auch der Uhrturm mit modernem Aufsatz, aber altem Unterbau, gehört zu den historischen Gebäuden aus der Zeit als osmanische Verwaltungsstadt. Damals hieß Muğla, das antike Mogalla, nach dem herrschenden Fürstengeschlecht Menteşe und war Residenz der Steuerpächter, ab 1867 eines Gouverneurs. Aus dem 17. Jh. ist wohl auch der wunderbare marmorne Wasserbrunnen zwischen Han und Moschee, der heute noch genutzt wird.

Für eine Erfrischungspause zum Schluss geht man am besten in ein einfaches Lokanta beim Busbahnhof unterhalb des Zentralkreisels. Ayran, Lahmacun, Döner, Çay, wer in Deutschland gern beim türkischen Imbiss isst, findet hier die gewohnte Qualität, die man in den Touristenanlagen so oft vermisst. **Strecke:** ca. 120 km, ca. 7 Std.

91

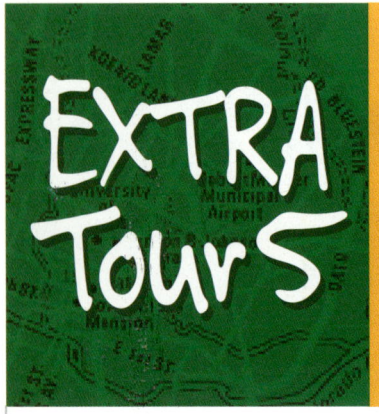

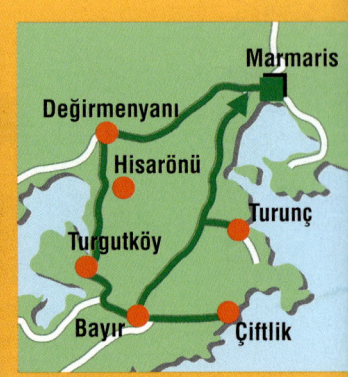

Imkerdörfer und Jeep Safari – die Bozburun-Halbinsel

Die Marmaris-Halbinsel zwischen dem Gökova-Golf und Rhodischen Meer verzweigt sich zu zwei sehr lang gestreckten Landarmen. Die südliche Bozburun-Halbinsel wird gerade recht unsanft aus dem traditionellen Dornröschenschlaf geküsst. Vor zehn Jahren noch kam nur dreimal die Woche ein klappriger Dolmuş aus Marmaris angefahren, und die alten Männer unter der mächtigen Platane in Bayir bestaunten ausgiebig die seltenen Touristen, die sich hierher verirrten. Jetzt kommen bis Mittag mindestens drei Jeep-Safaris an und das Dorf lebt hauptsächlich vom Geschäft mit den Fremden.

Viele Ziele auf der Halbinsel kann man heute mit einem normalen Pkw erreichen; wer aber mit einer Jeep Safari fährt, sollte tunlichst im vordersten Wagen sitzen, wenn die Kolonne über die Erdpisten holpert (wie sagte der Landser: »Besser Schlamm als Staub!«). Wer die hier beschriebene Tour verfolgt, kann den Rest des Nachmittags am Strand von Turunç verbringen (Badezeug mitnehmen!).

Von Marmaris (oder İçmeler) nimmt man die Straße nach Datça, beim Dorf Değirmenyanı biegt man nach **Hisarönü** ab. Das ist ein kleiner Weiler im Inland, der von den beiden Sektoren der traditionellen Ökonomie dieser abgeschiedenen Region lebte: Fischfang und Imkerei. Die gebirgige und mit ausgedehnten Kiefernwäldern bewachsene Region bot keine Grundlage für eine größere Agrarproduktion, selbst heute werden nur wenige Flächen beackert. Dagegen war das Meer rasch zu erreichen. So besaß jedes Dorf (als Schutz vor Piratenüberfällen versteckt in den Bergen gelegen) einen Hafenweiler am Meer, wo nur einige Hütten für die Boote benötigt wurden. Heute hat sich, ganz typisch z. B. in Hisarönü, das Verhältnis umgekehrt. Am Meer stehen die Hotels, weiter im Inland folgen private Ferienvillen, noch weiter in den Bergen liegt das alte Dorf. Hier investiert keiner mehr auch nur eine Lira, die Häuser verfallen, die Jungen ziehen fort, um in den Touristenorten richtig Geld zu verdienen. Nur die alten Leute bleiben.

Um diesen Trend wenigstens aufzuhalten, wurde die **Teppichkooperative Muğla Halıcılık** weiter

Honig in allen Variationen: Hauptprodukt der Bozburun-Halbinsel

südlich bei Orhaniye und Turgutköy gegründet. Ihr Geschäftsführer Bilger Vatansever, der in Deutschland BWL studiert hat, vermarktet hier Teppiche aus der südlichen Provinz Muğla, nicht aber aus Ostanatolien wie viele andere Teppichhändler. Über 2000 Frauen, erzählt er, finden über die Kooperative eine Beschäftigung – und das kann ganze Dörfer am Leben erhalten. Da kann man auch akzeptieren, dass weniger nach den alten Traditionen, sondern eher für den Touristengeschmack produziert wird. Dafür sind die Teppiche auch wirklich hübsch!

Zu viel Zeit verloren? Auf einmal viel Geld ausgegeben? Trotzdem weiterfahren, und zwar zum Wasserfall von **Turgutköy,** wo ein Bächlein durch schattigen Wald sprudelt und kleine Badebecken füllt. Am Bach züchtet eine Familie auch Forellen, die man hier frisch aus dem Wasser auf den Grill kriegt: *Alabalık* mit Salat und Fladenbrot – wirklich köstlich. Jeder Einheimische träumt von so einer Chance: Etwas, wohin die Touristen kommen und dem Besitzer so ein halbwegs gesichertes Auskommen bescheren.

In **Bayır** dann ist die Imkerei als Haupterwerbszweig allgegenwärtig. Überall in den Wäldern ringsum stehen die auffällig blau bemalten Kästen, in denen die Völker den wunderbar würzigen Marmaris-Honig sammeln: Cam Balı (Pinienhonig) und Kekik Balı (Thymianhonig). Im Schatten der uralten Platane am Dorfplatz werden auch Wachs und Pollen verkauft. Der Direktverkauf lohnt natürlich besonders; da können die Bauern den Anteil des Zwischenhändlers einstreichen und zudem zahlen die Touristen sowieso gut.

Von Bayır lohnt noch ein Ausflug zur **Çiftlik-Bucht,** der schönsten Badebucht der Halbinsel. Auch hier am Strand verkauft man Honigwaren, andere Dörfer haben einen kleinen Barbier-Shop und andere Minigewerbe aufgemacht; das neue Hotel Green Plantan bietet gute Kundschaft. Wie diese Geschäfte war übrigens auch die Imkerei aus Not und Gelegenheit geboren: In den Wäldern der Ağas, der großen Landherren, durften die Bauern nicht jagen und kein Holz einschlagen – Bienenkästen aber durften sie aufstellen.

Strecke: ca. 50 km, min. 5 Std.

Impressum/Fotonachweis

Fotonachweis

Titelbild: Auf der Fähre zwischen Bodrum und Datça
S. 1: Restaurantfigur in Gümbet
S. 2/3: Die Bodrum-Burg im Abendlicht
S. 4/5: Gute Laune in der Korsan-Bar in İçmeler
S. 26/27: Am Camel Beach bei Bodrum

Rainer Hackenberg (Köln): S. 9, 15, 18/19, 37, 56, 64
Alle anderen Abbildungen von:
Hans E. Latzke (Bielefeld)

Kartografie:
Berndtson & Berndtson Productions GmbH, Fürstenfeldbruck,
© DuMont Buchverlag

Die Deutsche Bibliothek – CIP-Einheitsaufnahme

Hans E. Latzke:
Bodrum & Marmaris / Hans E. Latzke. - Ausgabe 2001.
- Köln : DuMont, 2001
  (DuMont Extra)
  ISBN 3-7701-4891-6

Grafisches Konzept: Groschwitz, Hamburg
© 2001 DuMont Buchverlag, Köln
Alle Rechte vorbehalten
Druck: Rasch, Bramsche
Buchbinderische Verarbeitung: Bramscher Buchbinder Betriebe

ISBN 3-7701-4891-6

Register

Register